W0090232

Werner Bockholt / Bernadette Kircher

Dieses Baums Blatt

Ginkgo
Goethe
Gartentraum

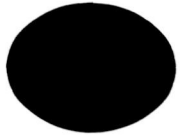

Werner Bockholt / Bernadette Kircher

Dieses Baums Blatt

Ginkgo
Goethe
Gartentraum

Für Uschi
zum
denkwürdigen
Geburtstag
2007

SCHNELL Buch & Druck
Warendorfer Lieblingsbücher

Werner Bockholt / Bernadette Kircher
Dieses Baums Blatt
Ginkgo, Goethe, Gartentraum
Warendorf 2000
4. Auflage Februar 2003
Herstellung:
Druckhaus Krimphoff GmbH & Co. KG
Klingenhagen 39 · 48336 Sassenberg
© Verlag SCHNELL Buch & Druck GmbH & Co. KG
Oststraße 24, 48231 Warendorf
ISBN 3-87716-816-7
Grafische Gestaltung, Zeichnungen:
Bernadette Kircher
Fotos: Werner Bockholt, Peter Salmann,
Monika Weinert
Literaturrecherche: Barbara Suwelack
Medizinische Beratung: Carsten Draeger

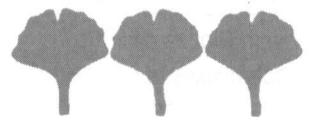

Inhalt

Anleitung zum Pflanzen der Ginkgo-Nuß

Der Ginkgo-Samen ist äußerst robust und anspruchslos. Nachdem Sie die Ginkgo-Nuß 4 Wochen lang im Gefrierfach vorgefrostet haben, pflanzen Sie sie ca. 2 cm tief in einen Blumentopf mit einem Sand-Gemisch (kompostarme Erde). Befeuchten Sie die Erde und stellen den Topf an einen hellen Standort.

Nun lassen Sie ihn ca. sechs Wochen vorkeimen. Erst dann kann der Topf nach draußen gestellt bzw. der junge Trieb umgepflanzt werden - natürlich nur in der frostfreien Jahreszeit. Wählen Sie einen möglichst sonnigen Standort, ansonsten stellt er keine besonderen Bodenansprüche.

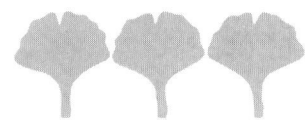

„Die Geheimnisse um den Ginkgobaum können nicht vollständig erklärt werden."

„Der Ginkgo überlebte aber nicht nur die Atombombe, er scheint darüber hinaus die Zeit zu besiegen."

Eine Einleitung

Der Ginkgo ist nicht nur ein Baum mit einem aufsehenerregenden Blatt, nicht nur ein botanisches Überbleibsel aus der Frühgeschichte der Erde, nicht nur eine von Legenden und Mythen umrankte Pflanze mit wundersamen Kräften, sondern der Ginkgobaum ist so etwas wie ein Kultobjekt.

In Japan werden die Ginkgobäume wegen ihrer Lebenskraft und ihrer Wunderverheißung verehrt, zugleich aber auch als Wohnung der Geister gefürchtet. Elementare Wünsche wie die Bitte um Muttermilch zum Stillen werden an den Baum gerichtet. Die fernöstliche Herkunft des Baumes umgab ihn mit einer exotischen Aura, der Ginkgo wurde zu einem Symbolträger für Unbesiegbarkeit, Hoffnung, langes Leben, Fruchtbarkeit, Zuneigung, Freundschaft und Anpassung. (M. Beuchert, Symbolik der Pflanzen, S. 111)

Erst seit dem 18. Jahrhundert gibt es die Ginkgobäume wieder in Europa. Engelbert Kaempfer hatte sie 1712 nach seinem Aufenthalt in Japan beschrieben. Holländische Kaufleute brachten die Ginkgosamen 1730 nach Europa, wo der Baum wegen seiner Exotik und Fremdartigkeit das Interesse von Botanikern, Gartenbaumeistern und auch von Johann Wolfgang von Goethe erregte.

Dieser sorgte durch sein botanisches Interesse, mehr aber noch durch sein Gedicht „Ginkgo biloba" (1815) dafür, daß der Baum zumindest für Goetheverehrer einen kultartigen Charakter erhielt und das

Blatt mit seiner eigenwilligen Form zu einem Sinnbild für seine Dichtung „West-östlicher Divan" wurde und darüber hinaus zum Symbol für seine Beziehung zu Marianne von Willemer.

Die symbolhafte Wirkung des Ginkgo wird dem Baum besonders durch die Form der Blätter zugeschrieben, die eine geheimnisvolle Faszination ausstrahlen. In der Zweihäusigkeit wird ein dialektischer Sinn gesucht und gefunden, der sich im Yin und Yang, in Mann und Frau, in Maximum und Minimum, in Freude und Leid, in Leben und Tod widerspiegelt.

Der Ginkgobaum und das Blatt faszinierten aber nicht nur Freunde des größten deutschen Dichters, sondern unterschiedliche Wissenschafts- und Interessensbereiche entwickelten eine besondere Aufmerksamkeit. Das wachsende Interesse am Ginkgo beschäftigte die Botaniker, die Mediziner und Pharmazeuten, die Kulturhistoriker und Germanisten gleichermaßen.

So wurde der Ginkgo aufgrund seiner Herkunft, Charakteristik, seiner Verwendung als Nutz- und Heilpflanze, seiner Bedeutung für Literatur und Kunst, zu einem fächerübergreifenden Forschungsgegenstand.

Nach dem Zweiten Weltkrieg entwickelte sich zusätzlich ein besonderes Interesse am Ginkgobaum. In Hiroshima, nur wenige hundert Meter vom Epizentrum der ersten Atombombenexplosion (6. August 1945) entfernt, brachte ein Ginkgobaum im Frühling 1946 neue Triebe hervor, während alles Leben in der Nähe für immer vernichtet worden war. Dieses „Wunder von Hiroshima" bewirkte eine intensivere Beschäftigung mit dem Ginkgobaum, um „ihm die Geheimnisse seiner über dreihundert Millionen Jahre dauernden Geschichte zu entreißen." (M. Beuchert, Symbolik der Pflanzen, S. 111 f.) Besonders die Medizin und die Pharmazie nahmen dieses Ereignis zum Anlaß, um eine wissenschaftliche Erforschung voranzutreiben. „Der Ginkgo über-

lebte aber nicht nur die Atombombe, er scheint darüber hinaus die Zeit zu besiegen."
(G. Teusen, Pu-Erh, Kombucha, Ginkgo, S. 106)

In der vorliegenden Veröffentlichung soll der Ginkgobaum mit seinen Geheimnissen näher vorgestellt werden.

Das Spektrum der Aspekte reicht von der botanischen Bestimmung über die Geschichte des Baumes und seinen Weg nach Europa bis hin zu medizinischen Fragestellungen. Johann Wolfgang von Goethe, der den Ginkgobaum bis in die Gegenwart hinein so populär gemacht hat, nimmt in diesem Zusammenhang einen wichtigen Stellenwert ein. Sein Gedicht „Ginkgo biloba" wird ebenso vorgestellt wie Marianne von Willemer, für die er das Gedicht geschrieben hat. Die Geheimnisse um den Ginkgobaum können dabei nicht vollständig erklärt, aber, sie können zumindest aufgezeigt werden, und der Faszination, die von diesem Baum ausgeht, wird sich auch, so ist zu hoffen, der Leser nicht entziehen können.

„Da Ginkgobäume aber im Alter
von 25-30 Jahren zum
ersten Mal blühen, ist eine sichere
Geschlechtsbestimmung erst
dann möglich."

„Elefantenohrbaum, Entenfuß-baum, Fächerblattbaum, Mädchenhaarbaum, ..."

Ginkgo - eine botanische Vorstellung

Die Bezeichnung Ginkgo ist aus dem japanischen Wort ginkyo entstanden, was übersetzt Silberaprikose bedeutet. Der Name Ginkgo setzt sich aus „Gin" (Silber) und „Kyo" (Aprikose) zusammen. So wurden die Ginkgobäume im Japan des 18. Jahrhunderts wegen ihrer an Aprikosen erinnernden reifen Samenanlage bezeichnet.

Pflanzen haben häufig mehrere Namen. Sie geben oft Hinweise auf Besonderheiten der Pflanze, die die Menschen beeindruckt haben. Besondere Aufmerksamkeit fand beim Ginkgo die ungewöhnliche Blattform. Darauf bezieht sich auch der lateinische Artname Ginkgo biloba (zweilappig). Ginkgo biloba ist unter den Namen Elefantenohrbaum, Entenfußbaum, Fächerblattbaum, Tempelbaum, Mädchenhaarbaum, Großvater-Enkel-Baum und Goethebaum bekannt. Von einem Tier entlehnt ist die Bezeichnung Elefantenohrbaum, die sich ebenfalls auf die Blattform bezieht. Ebenso wie die Bezeichnung Entenfußbaum, die sich an der Fußform dieses Nutztiers orientiert, die entfernt an die Blattform erinnert. Entenfußbaum entspricht der heutigen offiziellen japanischen Bezeichnung icho (Entenfuß). Das Aufspringen des Blattes aus einem langen schmalen Stiel führte zu der Bezeichnung Fächerblattbaum. Da Ginkgobäume in China und Japan besonders häufig an Tempelanlagen stehen, erhielt der Ginkgo den Namen Tempelbaum. Das englische Wort Maidenhairtree, und entsprechend das deutsche Mädchenhaarbaum, entstanden aufgrund der Ähnlichkeit der Ginkgoblätter mit den Blättern des

Frauenhaarfarnes und der Assoziation mit dichtem glatten Frauenhaar. Großvater-Enkel-Baum wird der Ginkgo genannt, weil er erst nach Jahrzehnten Blüten und Samen bildet, so daß erst der Enkel des Baumpflanzers die Blätter und „Ginkgonüsse" ernten kann. Die Bezeichnung Goethebaum erinnert an Goethes Interesse für die Symbolik des Ginkgoblattes, dem er auch ein Gedicht widmete.

Der Ginkgo biloba, genannt Ginkgobaum, gehört zur Familie der Ginkgoaceae, der Ginkgogewächse. Die Familie der Ginkgoaceae umfaßte im Laufe ihrer langen Existenz etwa dreihundert Arten, die zeitweise die gesamte nördliche Erdhalbkugel besiedelten. Uberall, auch in Europa, findet man Versteinerungen von ihnen. Doch Ginkgo biloba ist die einzige Art, die überlebte. Ginkgo biloba ist ein sommergrüner Baum mit Lang- und Kurztrieben, der 30, in seltenen Fällen sogar 40 Meter hoch wird. Ginkgo biloba fällt durch seine breit ausladenden Äste auf. Ginkgobäume variieren sehr stark in ihrer Gestalt, wobei weibliche Bäume eher durch ausladende Kronenformen gekennzeichnet sind, männliche Bäume eher säulenförmige Gestalt haben. Da es viele Abweichungen gibt, ist ein sicheres Bestimmen des Geschlechtes an der Wuchsform nicht immer möglich.

Unterschiedliche Blattformen von
Ginkgo biloba

Beim Betrachten der Ginkgopflanze fällt ihre ungewöhnliche Blattform auf. Der Umriß des Blattes ist dreieckig bis fächerförmig. An der Vorderkante sind die Blätter gewellt, gebuchtet oder auch tief einge-

schnitten, so daß das Blatt zweilappig erscheint. Daher hat der Ginkgo den Artnamen biloba (=zweilappig) erhalten. Die Blätter sind beidseits kahl, die Adern fein gabelig verzweigt. Die an langen Stielen sitzenden Ginkgoblätter sind bei jungen Bäumen tiefgrün und einmal tief eingeschnitten, während ältere Bäume oftmals graugrüne, fächerförmige Blätter ohne Einschnitte aufweisen. Die grünen Blätter färben sich im Herbst leuchtend gelb.

Sie stehen an Langtrieben wechselständig und an Kurztrieben zu mehreren gebüschelt.

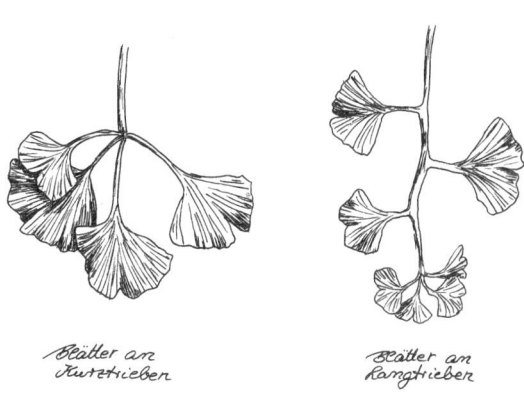

Blätter an
Kurztrieben

Blätter am
Langtrieben

Die Früchte sind pflaumenartig, zuerst grün, dann gelblich, ranzig riechend mit zweikantigem Kern und sehr giftig.

Die Borke junger Bäume ist graubraun, wohingegen die älterer Bäume dunkelbraun und tief aufgerissen ist.

Ein umstrittenes Kapitel der Ginkgoforschung stellt die systematische Eingruppierung dar. Obwohl der Ginkgo wie ein Laubbaum aussieht und auch im Herbst seine Blätter verliert, wird er von den Biologen eher den Nadelhölzern als den Laubbäumen zugeordnet. Sehen die Blätter den Laubblättern auch ähnlich, so unterscheiden sie sich bei genauerer Betrachtung beträchtlich von ihnen: Die Leitungsbahnen der Ginkgoblätter (Blattadern) sind gabelig

verzweigt, während die Blätter der Laubbäume eine Mittelrippe haben und netznervig sind. Mit den Nadelbäumen verbindet den Ginkgo, daß seine Samenanlagen frei sind und Nadel- und Ginkgobäume somit zur Guppe der Nacktsamer gehören, während die Laubbäume zusammen mit vielen krautigen Pflanzen ihre Samenanlagen von einem Fruchtknoten umschlosssen haben und Bedecktsamer sind. Am ehesten wird man dieser evolutiv ursprünglichen Gruppe mit ihrer einmaligen Merkmalskombination gerecht, wenn man sie als eigene Unterabteilung Ginkgophytina den anderen Unterabteilungen der Nacktsamer Coniferophytina (Gabel- oder Nadelblättrige Nacktsamer) und Cycadophytina (Fiederblättrige Nacktsamer) gleichrangig zur Seite stellt. Ubersetzt bedeutet Ginkgophytina Gabelförmige Nacktsamer.

Auswüchse eines
ginkgobaumes

Eine Besonderheit vieler sehr alter Ginkgos sind Auswüchse am Stamm oder an dicken Seitenästen. Diese wachsen hinunter zum Erdboden, wo sie Wurzeln treiben können. Diese Auswüchse werden Chichi genannt, was auf japanisch soviel wie Mutterbrust bedeutet.

Ginkgos wachsen heute, meist unter der Obhut des Menschen, in kühlen bis subtropischen Regionen der Erde. Sie bevorzugen feuchte Böden, vertragen aber keine stauende Nässe. Ginkgos bevorzugen nährstoffreiche, sonnige, geschützte Plätze. Gegenüber der Bodenart und dem pH-Wert des Bodens ist der Ginkgo tolerant. Bezüglich seines Wurzelsystems ist Ginkgo eher den Flach- als den Tiefwurzlern zuzuordnen.

Fortpflanzung

Der Ginkgo weist viele Besonderheiten in seiner Fortpflanzung auf. Ginkgo biloba ist eingeschlechtlich, d.h. männliche und weibliche Blüten werden an separaten Pflanzen gebildet. Daher spricht man auch von Zweihäusigkeit.

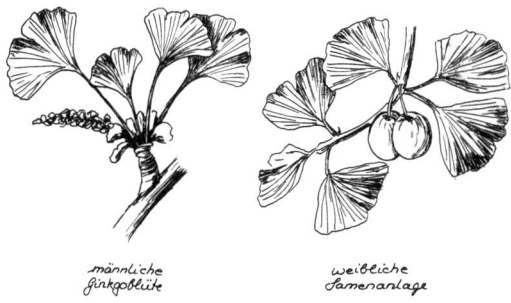

männliche   weibliche
Ginkgoblüte   Samenanlage

Die männlichen, kätzchenförmigen, gelben Blüten tragen zahlreiche Staubblätter, in deren Pollensäcken sich der Pollen befindet. Die weiblichen Blüten weisen meist zwei, manchmal auch mehrere Samenanlagen auf. In den Samenanlagen liegen geschützt die Eizellen. Sowohl männliche als auch weibliche Blüten sind nicht besonders auffällig, da sie keine

Insekten anlocken müssen. Die Bestäubung, d.h. die Übertragung der Pollen erfolgt durch den Wind. Der Ginkgobaum verbreitet sich nicht wie im Pflanzenreich sonst üblich durch Samen oder Sporen, sondern durch eine Art Zwischenform, die man als Samenanlage bezeichnet. Die Samenanlagen wachsen auf den weiblichen Ginkgobäumen, haben einen gelben Samenmantel und tragen daher den Namen „Silberaprikose". Diese Samenanlage wird fälschlicherweise häufig als Frucht bezeichnet, was sie botanisch betrachtet aber nicht ist.

Wenn die Pollenkörner auf der weiblichen Samenanlage landen, gelangen die Pollen durch eine Öffnung ins Innere der Samenanlage. Dort liegen sie erst einmal, bis sie nach einer Ruhepause begeißelte Geschlechtszellen entlassen. Diese männlichen Geschlechtszellen mit Geißel bewegen sich aktiv zur Eizelle hin und befruchten diese. Zwischen Bestäubung und Befruchtung liegen mehrere Monate - eine Ginkgospezialität. Im Laufe des Sommers und Herbstes wächst die Samenanlage und reift zu einem pflaumenartigen Gibilde heran, das aber keine Frucht, sondern der Samen ist. Aus der Schale der Samenanlage hat sich eine innere harte und eine äußere dickfleischige gelbe Hülle entwickelt. Der innere Teil wird fälschlicherweise häufig als Ginkgonuß bezeichnet. Es handelt sich aber nicht um eine echte Nuß, sondern um einen Teil des Samens, in dem die neue Pflanze, der Keimling entsteht.

Im gelben Samenmantel sind freie Fettsäuren, z.B. Buttersäure, enthalten. Beim Zerfall des Samenfleisches werden diese freigesetzt und verströmen einen ranzigen Geruch. Wegen dieser im Herbst auftretenden Geruchserscheinung werden weibliche Ginkgobäume als Zierbäume weniger häufig verwendet.

Da Ginkgobäume aber im Alter von 25-30 Jahren zum ersten Mal blühen, ist eine sichere Geschlechtsbestimmung erst dann möglich. Nicht zu jeder Zeit entwickeln sich die mirabellenähnlichen Samen-

anlagen, die einen Durchmesser von zwei bis drei Zentimetern haben. So gibt es Jahre, in denen es keine Befruchtung gibt. Die Ursachen hierfür sind noch ungeklärt. Die Keimungsrate aus befruchteten Samen schwankt erheblich und liegt außerhalb Asiens bei 0 - 60 Prozent. Dennoch erfolgt die Vermehrung generativ, also über Samenanlagen, obwohl der Keimungserfolg ungewiß ist.

Der Mensch vermehrt den Ginkgo-Baum über gezielte Ausaat. Die frischen Samen werden von ihrem Samenmantel befreit, in Sand gesteckt und im zweiten Frühjahr ausgesät.

„Die wesentlichen Ginkgovorkommen haben sich seit der Kreidezeit nach Ostasien zurückgezogen."

„Ein Weltenbaum, der die Geheimnisse einer unermeßlichen Vergangenheit bewahrt."

Zur Geschichte des Ginkgobaumes

Der französische Forscher Bongniart beschrieb 1828 das erste fossile Ginkgoblatt, das aus dem Mansfelder Kupferschiefer stammt. Die Zugehörigkeit des Blattes zur Gattung Ginkgo erkannte der Forscher jedoch noch nicht. Erst 1876 ermittelte man bei der Untersuchung der jurazeitlichen Pflanzenfossile von Spitzbergen das hohe Alter des Ginkgo und fügte den Bongniartschen Artnamen zur Ur-Ginkgo-Gattung Sphenobaiera hinzu. Im Laufe der Zeit lernte man noch viele weitere fossile Ginkgogewächse kennen, so z.B. Ginkgo, Ginkoites und Baiera, die jeweils zwischen 50 und 60 Arten umfassen.

Die Ginkgo-Geschichte begann vor etwa 280 Millionen Jahren. Zu dieser Zeit, dem Übergang vom Perm ins Karbon, bedeckten Steinkohlenwälder mit riesigen Schuppen- und Siegelbäumen, mit großen Schachtelhalmen und Farnen weite Teile der Erde. Damals waren die am höchsten entwickelten Pflanzen durch stimmgabelförmig aufgabelnde Blätter gekennzeichnet. Auch der Ginkgo zeigte fein gabelig verzweigte Blätter, die ihre Hauptaderstränge in den Blattstiel sandten, wo sie sich aber nicht vereinigten. Ungefähr 100 Millionen Jahre später, im Jurazeitalter, setzte dann die Phase der größten Entfaltung des Ginkgo ein. Die Ginkgogewächse kamen in vielen verschiedenen Arten mit vielen Varianten in der Blatt- und Blütenform vor. Erst am Ende der Steinkohlezeit setzte eine Entwicklung zur Vereinfachung der Blattgestalt ein. So entstanden zum einen das schmal wachsende Nadelblatt der Koniferen und zum anderen der Gabelwedel, das

zweigeteilte Blatt des Ginkgo.

Bis 1989 war nicht geklärt, ob die Gattung Ginkgo mit der heutigen Art Ginkgo biloba erst etwa im Tertiär (vor etwa 60 Millionen Jahren) entstand, oder ob es sie schon in der Jurazeit, der Zeit der großen Ginkgogewächse und der Dinosaurier, irgendwo auf der Welt gab. Letzteres darf heute angenommen werden. Bis in die Tertiärzeit sind Ginkgofunde von allen Kontinenten bekannt. Der letzte Ginkgofund stammt kurz vor der Eiszeit aus dem Gebiet von Frankfurt am Main.

Die wesentlichen Ginkgovorkommen haben sich seit der Kreidezeit nach Ostasien zurückgezogen. Dort, genauer in den chinesischen Provinzen Zhejiang und Anhui, überstand auch der Ginkgo biloba die Eiszeit. Man nimmt an, daß Ginkgo heute nur noch in diesen Gebieten als Wildpflanze vorkommt. Einige Forscher bezweifeln sogar, daß diese Bestände echte Wildvorkommen sind und vertreten die Auffassung, daß Ginkgo nur als Kulturform überlebt hat.

Die Heimat des Ginkgos ist unbekannt. Versteinerungen lassen darauf schließen, daß der Ginkgo vor der Eiszeit auch in Europa zu finden war.

In China und Japan fand der Ginkgobaum seine „ökologische Nische". Dort ist er heute wildwachsend beheimatet. Aus chinesischen Quellen geht hervor, daß der Ginkgo im 11. Jahrhundert im Tal des Jangtse entdeckt wurde. In einem chinesischen Medizinbuch von 1578 wird dagegen Nanking als die Heimat des Ginkgo genannt. Die älteste Erwähnung des Ginkgos findet sich in einem Gedicht des Chinesen Onhang Xin aus dem 11. Jahrhundert.

GINKGO

Als die erste Ernte kam, trugen die Bäume nur drei, vier Nüsse.
Aus der goldenen Schale wurden sie dem Throne dargebracht.
Die Würdenträger und Minister kannten sie nicht.

Und der Sohn des Himmels gab eine Belohnung
von hundert Silbermünzen.
Jetzt, nach einigen Jahren, tragen die Bäume im-
mer mehr,
Sie haben üppige Zweige getrieben.
Der Besitzer des Baums, um einen lieben Gast zu
ehren,
Beschenkte mich mit diesen Nüssen wie mit Perlen.

In China und Japan, aber auch vielen anderen Regionen Ostasiens, wird der Ginkgo als heiliger Baum
verehrt. Im Bereich von Heiligtümern und Kultstät-
ten finden sich heute noch viele Exemplare. Vor allem ist er in der Nähe buddhistischer Tempel zu finden, daher heißt der Ginkgo auch „Chinesischer
Tempelbaum".
Es ist nicht anzunehmen, daß China auch das Her-
kunftsland der Gattung Ginkgo in der Jurazeit war,
denn damals herrschte in weiten Gebieten Chinas
ein trocken-warmes Klima mit Salzbildung, das nicht
die bevorzugte ökologische Nische des Ginkgo war.

Erst 1727 kamen Ginkgosamen von China und
Japan nach Europa, zunächst in die Niederlande.
Im Botanischen Garten von Utrecht wurden die ersten Kulturversuche durch Aussaat vorgenommen.
Im Jahre 1785 wurde ein Ginkgo am Eingang des
Botanischen Gartens von Leiden in Holland gepflanzt. Seit dem 18. Jahrhundert gewann der
Ginkgo wegen seiner ungewöhnlichen Blattform, seiner Widerstandsfähigkeit, aber auch wegen seiner
einfachen Kultivierbarkeit zunehmend an Beliebtheit.
Die elegante Form der Blätter, ihre schöne Herbst-
verfärbung und die ungewöhnliche Äderung faszi-
nieren den Betrachter immer wieder aufs Neue.

*„Die Ginkgonüsse sollen nicht nur
Gesundheit und ein langes Leben
verleihen, sondern auch eine
aphrodisierende Wirkung haben."*

> *„Er erreicht die stattliche
> Größe eines Walnußbaums,
> hat einen langen, gradlinigen,
> dicken Stamm mit vielen Ästen
> und eine aschgraue, im Alter
> rauhe, rissige Rinde."*

Engelbert Kaempfer und der Weg des Ginkgobaumes nach Europa

Die ersten Beschreibungen über diesen auch im Vergleich zu anderen asiatischen Hölzern einzigartigen Baum brachte im 17. Jahrhundert der deutsche Arzt und Naturforscher Engelbert Kaempfer von einer seiner Ostasien-Reisen mit nach Europa.

Engelbert Kaempfer (1651-1716) wurde in der ostwestfälischen Stadt Lemgo geboren. Nach seinem 16. Lebensjahr besuchte er verschiedene Gymnasien, u.a. in Lübeck und Danzig, bis er 1674 ein Medizinstudium in Krakau begann und dieses später in Königsberg fortsetzte. Botanik war zu dieser Zeit Lehrfach des Medizinstudiums, denn Pflanzen und pflanzliche Produkte machten einen großen Teil der zur Verfügung stehenden Arzneimittel aus. Botanik wurde didaktisch als beschreibende Wissenschaft präsentiert, und so gehörte zum Studium die Pflanzenanatomie und -morphologie, die Kenntnis der gebräuchlichen Arzneipflanzen, ihre pharmakologischen Eigenschaften und ihre therapeutische Anwendbarkeit.

Kaempfer hatte sein Medizinstudium ohne Promotion abgeschlossen, denn die Promotionsfeierlichkeiten verursachten damals erhebliche Kosten. 1681 ging Kaempfer nach Schweden und erhielt dort das Angebot, einen schwedischen Gesandten auf dessen Reise durch Rußland und später nach Persien

als Sekretär zu begleiten. Seine Tagebuchauf-
zeichnungen zeugen davon, daß er seine Aufgabe
mit Eifer erfüllte. Der Wunsch zur Erkundung frem-
der Länder und Völker hielt ihn noch weitere acht
Jahre in der Fremde, bevor er als Chirurg in Indien
in die Dienste der Niederländischen Vereinigten Ostindischen Kompanie eintrat.

Von 1690 bis 1692 lebte und arbeitete Kaempfer in
Japan in der dortigen Niederlassung der Vereinigten Ostindischen Kompanie, die auf einer 1,5 ha
großen Insel im Hafen von Nagasaki untergebracht
war. Europäer durften diese Insel nur in Ausnahme-
fällen verlassen. Die meisten Aufzeichnungen seiner Japanzeit stammen von einer streng bewach-
ten Reise nach Edo (Tokyo) an den Hof des Shoguns
und von dort wieder zurück nach Nagasaki.

Er zeichnete und beschrieb eine Fülle von Pflanzen-
arten, darunter auch den Ginkgo. Im Laufe seines
Medizinstudiums hatte sich Kaempfer viele Fähigkeiten angeeignet, die ihm in Asien ein selbständi-
ges botanisches Arbeiten ermöglichten. So sammelte
und herbarisierte er Pflanzen, zeichnete Pflanzen und
Pflanzenteile von der Natur und beschrieb ihre Merk-
male. Darüber hinaus versuchte er, von den Einheimischen Detailwissen über die Nutzanwendung dieser Pflanzen zu erfahren.

Mit zweien aus seiner Asienzeit stammenden Werken ging er in die Geschichte der Botanik ein: eine
Monographie der Dattelpalme und seine Aufzeichnungen über den Ginkgo-Baum. Beide Ausführungen befinden sich in dem einzigen Buche, das
Kaempfer zu Lebzeiten veröffentlicht hat, der
„Amoenitates exoticae" (1712).

Der fünfte Teil dieser Veröffentlichung behandelt die
japanische Flora und ist eine Pionierleistung, da sie
die erste Beschreibung asiatischer Flora durch einen Europäer ist und die erste botanische Beschreibung des Ginkgo für die westliche Welt. In diesem
Teil befinden sich auch die Ausführungen Kaempfers
über den Ginkgobaum.

Ginkgo oder Gin an, volkstümlich Itsjó

Ein nußtragender Baum mit Venushaarfarn-ähnlichen Blättern.

Er erreicht die stattliche Größe eines Walnußbaums, hat einen langen, gradlinigen, dicken Stamm mit vielen Ästen und eine aschgraue, im Alter rauhe, rissige Rinde. Sein Holz ist leicht, weich und schwach, das Mark zart und schwammig.

Die Blätter sitzen wechselweise an den Zweigen, und zwar einzeln oder zu mehreren (drei oder vier) an einer Stelle; ihre Stiele sind ein Zoll bis eine Handbreit lang (etwa 2,5 bis 7,5 cm), an der Oberseite zusammengedrückt und gehen in das Blatt (die Blattspreite) über. Das Blatt ist anfangs schmal, wird aber nach einem kurzen Stückchen drei oder vier Zoll breit und ähnelt dabei dem Blatt des Venushaarfarns; sein äußerer Rand ist bogenförmig, unregelmäßig eingebuchtet und in der Mitte tief eingeschnitten; es ist dünn, glatt, unbehaart und von dunkelgrüner Farbe, wird aber im Herbst gelb, mit einem Stich ins Rotbraune; es ist streifenförmig von zarten Rippen durchzogen und hat ansonsten keine Fasern oder Nerven; das Blatt ist äquifazial (beide Oberflächen sind gleichgestaltet), aber an der Ansatzstelle oben eingetieft.

Im Spätfrühling erscheinen an den Zweigen der Krone ziemlich lange, hängende Kätzchen mit Blütenstaub. An einem fleischigen, kräftigen Stiel, der ein Zoll lang ist und aus demselben „Schoß" wie die Blattstiele hervorkommt, hängt die Frucht; sie ist ganz rund oder länglich-rund, hat die Form und die Größe einer Damaszener Pflaume (Zwetschge) und eine unebene, mit der Zeit gelb werdende Oberfläche. Die Fruchthülle ist fleischig, saftig, weiß und recht herb; sie haftet sehr fest an der von ihr umschlossenen Nuß, so daß sich diese nicht herauslösen läßt, es sei denn, man läßt die Fruchthülle im Wasser faulen und drückt dann die Nuß heraus, wie man es auch bei der Betelnuß macht.

Die Nuß selbst heißt Ginnaù (Druckfehler, richtig: Ginnan) und ähnelt einer Pistaziennuß (insbesondere derjenigen, die die Perser „Bergjès Pistài" nennen), ist aber fast doppelt so groß. Sie hat das Aussehen eines Aprikosenkerns und besitzt eine dünne, zerbrechliche, weißliche holzige Schale; darin liegt locker ein weißer, ungegliederter Kern, der die Süße der Mandel mit einem herben Geschmack verbindet und ziemlich hart ist.

Nach einer Mahlzeit gegessen, sollen die Kerne die Verdauung fördern und den vom Essen aufgeblähten Bauch wieder erschlaffen; deshalb fehlen sie niemals zum Nachtisch eines üppigen Mahles. Sie dienen auch als Zutaten zu verschiedenen Speisen, nachdem man ihnen durch Kochen oder Rösten ihren herben Geschmack genommen hat. Die Nüsse sind recht preiswert: Ein niederländisches Pfund (ca. 480 g) kostet etwa zwei Drachmen (ca. 7,5 g) Silber. (E. Kaempfer, 1712)

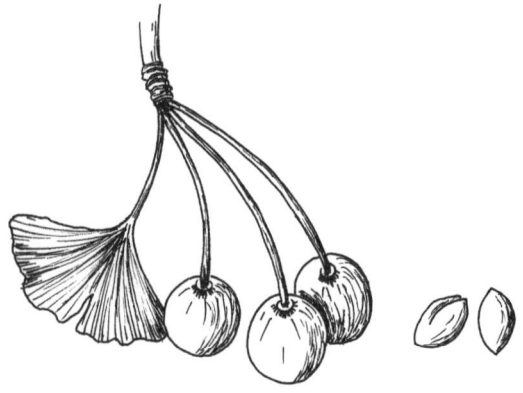

Ginkgozweig mit Samenanlagen
und der darin enthaltenen Kernen

Von Kaempfer stammen auch Beschreibungen weiterer Vorzüge der Ginkgonüsse. So sollen sie nicht nur Gesundheit und ein langes Leben verleihen, sondern auch eine aphrodisierende Wirkung haben.

Deshalb sind sie auch ein beliebtes Hochzeitsge-
schenk.

Da sich anfangs nur wenige Naturwissenschaftler
für Kaempfers Aufzeichnungen interessierten, fand
auch seine Ginkgoentdeckung zunächst kaum Beachtung. Erst als im 18. Jahrhundert mehr Europäer Japan bereisten und auch das Interesse an exotischen Pflanzen zunahm, wurde man auf Kaempfers
Studien aufmerksam. Der erste Ginkgo in Europa
wurde vermutlich im holländischen Utrecht gepflanzt.
Es folgten bald weitere Pflanzen in Deutschland, England, Frankreich, Spanien und sogar den USA. Die
Ginkgobäume galten als sehr kostbar und waren
sehr teuer, da die Vermehrung über Stecklinge nicht
immer gelang.

Nach seinem Japan-Aufenthalt kehrte Kaempfer über
Leiden, wo er seine Promotion nachholte, zurück in
seine Heimat. Kaempfer zeichnete sich als Person
durch eine umfassende akademische Bildung aus.

Neben seinen Kenntnissen in Medizin und Natur-
kunde war er zeichnerisch und sprachlich sehr be-
gabt. Es heißt, daß er neben Deutsch auch Grie-
chisch, Lateinisch, Englisch, Französisch, Russisch,
Polnisch, Persisch und Japanisch beherrschte. In
seiner Heimatstadt Lemgo wurde für Kaempfer ein
Denkmal errichtet mit der Inschrift „Nulli peregrina-
torum secundus" (Unter den Forschungsreisenden
steht er keinem nach).

Mit Kaempfer ist auch die unsinnige, aber dennoch
gültige Schreibweise „Ginkgo" verbunden. Kaempfer
hatte Wert darauf gelegt, von allen Pflanzen den einheimischen Namen zu notieren. Beim Ginkgo waren das „ginkyo", „ginnan" und „icho". Die ersten
beiden Wörter bedeuten „Silberaprikose". Während
„ginkyo" mittlerweile aus dem japanischen Wort-
schatz verschwunden ist und „ginnan" nur der Bezeichnung der Samen dient, ist „icho" heute der eigentliche Pflanzenname. Wörtlich übersetzt bedeutet
„icho" Entenfuß, in Anlehnung an die Blattform.

Im 17. Jahrhundert war jedoch „ginkyo" der wich-
tigste der Namen, weshalb Kaempfer ihn auch an
erster Stelle nannte. Durch einen Druckfehler wurde
„Ginkgo" daraus. Diese unsinnige Schreibweise rief
unter den Botanikern unterschiedliche Reaktionen
hervor. Einer der führenden Evolutionsforscher, Carl
von Linné, übernahm das von Kaempfer in falscher
Schreibweise gedruckte Wort als Gattungsname, der
dadurch sanktioniert wurde und in der Nomenklatur
Gültigkeit erlangte. Dies überrascht, da Linné sonst
keine einheimischen Artnamen verwandte und nur
beim Ginkgo eine Ausnahme machte. Der Grund
dafür dürfte in seiner Wertschätzung gegenüber
Kaempfer liegen. Karl Mägdefrau bemühte sich
1942 in seiner „Paläobiologie der Pflanzen" um die
Richtigstellung der falschen Schreibweise. Er korri-
gierte sie zu "Ginkyo", provozierte aber durch Miß-
achtung der internationalen Regeln der botanischen
Nomenklatur so heftigen Widerspruch unter seinen
Fachkollegen, daß er schließlich zur herkömmlichen

Schreibweise zurückkehrte, ohne jedoch seinen Unmut über die Übernahme von Schreibfehlern in der Nomenklatur zu verheimlichen.

*„In Europa tauchte der Ginkgobaum
erstmalig um 1730 in Utrecht auf."*

„In Belvedere ist ein kleines schlechtes Exemplar, das schon mehrere Jahre dorten im Lande steht ..."

Ginkgobäume zur Goethezeit

Im 18. Jahrhundert bildete sich vor allem bei den Adeligen in Europa ein Interesse heraus, Pflanzen aus fernen Ländern zu importieren und zu kultivieren. Diese Hinwendung zu „unbekannten" und exotischen Pflanzen fand ihren baulichen Ausdruck in den zahlreichen Orangerien, die in den Gärten der Herrensitze und Schlösser errichtet wurden. Zu den zahllosen Pflanzen und Bäumen, die „importiert" und neu eingeführt wurden, gehörte auch der Ginkgo biloba, der in besonderem Maße die exotische Neugier der Adeligen und Botaniker weckte.

Neben dem Wunsch, Pflanzen aus Übersee in die Schloßgärten einzufügen, gab es auch ein Bestreben, sich von den bis zur Mitte des 18. Jahrhunderts üblichen Barockgärten ab- und den Englischen Gärten zuzuwenden.

In Europa tauchte der Ginkgobaum erstmalig um 1730 in Utrecht auf. Dabei wird es sich vermutlich um Topfpflanzen gehandelt haben, die bereits etwa 20 Jahre alt waren. Während sie mit anderen exotischen Pflanzen in den warmen Sommermonaten in den Parkanlagen standen, wurden sie im Winter in die Orangerien gebracht.

Zur Lebenszeit Goethes (1849-1832) gab es bereits Ginkgobäume in Europa, die eine Höhe von bis zu vier Meter einnahmen.

Ein typisches Beispiel für den Umgang mit exotischen Pflanzen wie beispielsweise dem Ginkgo war das Schloß Belvedere bei Weimar. In den Jahren 1724-1732 war es vom Herzog Ernst-August (1688-1748) als Lustschloß erbaut worden. Der

Herzog war bekannt und gefürchtet für seine Jagd-begeisterung und Bauleidenschaft. Während seiner 20jährigen Amtszeit schaffte er es, 22 Jagdhäuser und Lustschlössser errichten zu lassen. Der Ober-landbaumeister Johann Adolf Richter und der Ar-chitekt Gottfried Heinrich Krohne schufen nach dem Vorbild des Schlosses Belvedere in Wien drei Kilo-meter südlich von Weimar auf einem Höhenrücken mit einer schönen Aussicht auf die Stadt Weimar einen Sommersitz des Weimarer Hofes (neben Ettersberg und Tiefurt).

Zu der weiträumigen Schloßanlage zählt auch ein bedeutsamer Park. Bei der Umgestaltung hatte Goe-the seine Hände im Spiel. Er half mit, den ursprüng-lich barock angelegten Garten in einen englischen Landschaftsgarten zu verwandeln. Dazu werden besonders in den Jahren 1810 bis 1820 Lauben, Wasserspiele, künstliche Ruinen, Teiche und Irrgär-ten neu angelegt.

Zur Parkanlage zählte eine bedeutsame Orangerie, die östlich des Haupthauses zusammen mit einem Gästehaus errichtet worden war (um 1740). Diese Gewächshäuser bildeten die Grundlage für den gu-ten Ruf des Botanischen Gartens. Hier befanden sich eine erfolgreiche Stätte für Pflanzenzucht, eine der reichhaltigsten Pflanzensammlungen Europas und eine Art wissenschaftliches Institut, das botanische Versuche durchführte.

Der gute Ruf von Belvedere breitete sich über ganz Europa aus. Der Botaniker August Wilhelm Dennstedt hatte daran einen nicht unerheblichen Anteil. Er war dort als wissenschaftlicher Berater tätig und entwik-kelte im Rahmen seiner Arbeit einen Katalog aller Pflanzen, die in Belvedere gezogen wurden.

In den Jahren 1820/21 erschien das „Hortus Belve-dereanus", das in mehrere Sprachen übersetzt und in mehreren Auflagen verlegt wurde.

An der Erstellung dieses Kataloges war auch Goe-the selbst, zumindest indirekt, beteiligt. In einem Briefwechsel zwischen dem Verleger Legationsrat

Bertuch und Goethe wird dieses deutlich. Goethe empfahl am 25.1.1820 in seinem Brief die Voranstellung einer Vorrede für den Katalog, die er zu verfassen gedachte. Inhaltlich sollte über „Ursprung, Wachstum der neueren wissenschaftlichen Anstalt zu Belvedere" geschrieben werden. Es zeigte sich jedoch, daß Goethe mit dem Vorwort „so bald nicht fertig" wurde (Herzog Carl August). Da die von August Wilhelm Dennstedt verfaßte Vorrede auch nach Auffassung Carl Augusts den Hauptzweck vollkommen erfüllen würde, sollte Goethes Vorrede „zu einem anderen Zwecke aufbewahrt werden".

Der auf 250 Exemplare begrenzte Erstdruck, der vom Herzog Carl August bezahlt werde, erschien im März 1820. In einem Brief an Verleger Bertuch gratulierte Goethe zum Belvedereschen Katalog (2.3.1820).

Deutlich wird, daß in Weimar bei botanischen Angelegenheiten Goethe und der Herzog Carl August kräftig mitmischten. Den Herzog (1757-1828), der sich künstlerisch und wissenschaftlich sehr breit interessiert zeigte, verband eine lebenslange Freundschaft mit Goethe. Durch einen fast täglichen Umgang wurde Goethe zu einer seiner engsten Vertrauenspersonen. Diese Freundschaft war eine wichtige Voraussetzung für die Herausbildung der Weimarer Klassik, aber auch in den Naturwissenschaften wie beispielsweise der Botanik gab es eine erfolgreiche Zusammenarbeit, die sich bei der wissenschaftlichen Arbeit in Belvedere zeigte.

„‚Sie sehen', sagte Goethe, ‚wie sein außerordentlicher Geist das ganze Reich der Natur umfaßte. Physik, Astronomie, Geognosie, Meteorologie, Pflanzen und Tierformen der Urwelt, und was sonst dazu gehört, er hatte für alles Sinn und Interesse. Er war achtzehn Jahre alt, als ich nach Weimar kam, aber schon damals zeigten seine Keime und Knospen, wie einst der Baum sein würde. Er schloß sich bald auf das innigste an mich an und nahm an allem, was ich trieb, gründlichen Anteil. Daß ich fast zehn Jahre älter war als er, kam unserem Verhältnis zu-

gute. Er saß ganze Abende bei mir in tiefen Gesprächen über Gegenstände der Kunst und Natur und
was sonst allerlei Gutes vorkam. Wir saßen oft tief
in die Nacht hinein, und es war nicht selten, daß
wir nebeneinander auf meinem Sofa einschliefen.'"
(J. P. Eckermann, Gespräche mit Goethe, 28. Oktober 1828).

Bis zum Jahr 1826 war der Gesamtbestand der
Gewächse in Belvedere auf insgesamt 60.000 an-
gewachsen, darunter Palmen, Zedern, Agaven,
Orangen, Feigen, Granatäpfel, Johannisbrotbäume
und Ginkgobäume.

Von den Niederlanden erfolgte in der zweiten Hälfte
des 18. Jahrhunderts die Ausbreitung der Ginkgobäume über Europa.

Um 1780 erhielt der Botanische Garten in Mannheim einen Ginkgobaum, der von dem Botaniker F.
C. Medicus beschafft worden war.

Ebenso das Schloß Wilhelmshöhe bei Kassel. In
einem „Verzeichniß ausländischer Bäume und Stauden des Lustschlosses Weissenstein bei Casssel"
wird der 1781 gepflanzte Ginkgo erwähnt. Der Au-
tor Conrad Mönch schreibt dabei über den Ginkgo:

„Dieser in Japan einheimische Baum ist zwar nur 4 Jahr hier, und die ersten 2 Jahre im kalten Gewächshaus aufbewahret worden, hernach an eine Mauer ins Freye gepflanzt, woselbst er auch den harten Winter von 1783 auf 84, doch mit Stroh eingebunden, ganz unbeschädigt ausgehalten hat. Da man nun schon in Holland im Freyen große Bäume davon hat, so ist kein Zweifel, daß sich dieser wegen seines Laubes sonderbare Baum gänzlich an unser Clima gewöhnen wird. Sein Wuchs ist nicht gar schnell, er ist hier in den 4 Jahren kaum 1 Schuh gewachsen." (Conrad Mönch: Verzeichniß ausländischer Bäume und Stauden des Lustschlosses Weissenstein bey Cassel, Frankfurt, Leipzig, 1785, S. 44.)

Der Graf von Veltheim in Harbke bei Helmstedt beschäftigte sich ebenfalls mit der Züchtung des Ginkgo. Um 1780 werden bereits die ersten Pflanzen in den Gewächshäusern gehalten worden sein. Dieses bestätigte Christian Cay Laurenz Hirschfeld (1742-1792), Kieler Professor der Philosophie und der Schönen Wissenschaften. In seiner „Theorie der Gartenkunst" (1775, 1779-85) plädierte er für den englischen Landschaftsgarten bei gleichzeitiger Ablehnung des französischen Gartens.

Der Bezug zu Goethe wird daran deutlich, daß dieser Hirschfeld mehrfach bei der Umgestaltung des Parks an der Ilm erwähnte und seine Vorstellungen übernahm.

In einem zweiten Werk, dem „Taschenbuch für Gartenfreunde" (1783) von Hirschfeld findet sich ein „Verzeichnis derjenigen Bäume, Sträucher und strauchartigen Gewächse, so in den Pflanzungen zu Harbke zu verkaufen sind". Bei den Bäumen wird von Hirschfeld auch der „Ginkgo biloba, der japanische Ginkgo", aufgeführt.

Am 19. August 1805 besuchte Goethe zusammen mit Friedrich August Wolf und Gottfried Christoph Beireis im Rahmen eines Ausflugs nach Helmstedt auch das Schloßgut in Harbke.

Der Graf Röttger von Veltheim (1781-1848) war vor allem als Pferdezüchter bekannt, sein Vater hatte gemeinsame mineralogische und geologische Interessen mit Goethe. Bedeutung hat das Schloßgut in Harbke vor allem dadurch erlangt, daß in dem 1803 angelegten englischen Garten, der einen 1754 errichteten barocken Lustgarten abgelöst hatte, ein alter und exotischer Baumbestand zu finden war. Von diesem war auch Goethe sehr angetan, so daß er für seine Tag- und Jahreshefte (1805) eine ausführliche Beschreibung erstellte.

Über seinen Besuch in Harbke schrieb Goethe am 28. August 1805 an den Herzog Carl August:

„Von Helmstedt machten wir eine Tour nach Harbke, wo wir von dem jungen Grafen Veltheim freundlich aufgenommen wurden und die Altväter so mancher fremden Holzarten bewunderten."

Von Goethe gibt es zwar keinen direkten Hinweis darauf, daß er auf dem Landgut in Harbke Ginkgobäume gesehen hatte, dennoch war das Landgut des Grafen von Veltheim für die Ginkgokultivierung bekannt.

Hierzu schrieb im Jahr 1828 der Graf: „Von den samentragenden und seltenen Bäumen erlaube ich mir folgende Notizen mitzuteilen: Ginkgo biloba: Das älteste hier vorhandene Exemplar ist 70 Jahre alt und hat vor 6 Jahren zum ersten Male geblüht, jedoch nur männliche Blüten getragen. Es ist nur 1 Fuß im Durchmesser stark und etwa 20 Fuß hoch. Viele Versuche, ihn durch Stecklinge zu vermehren, mißglückten, indeß haben sich bis jetzt einige junge Exemplare, 3 Jahre alt, erhalten."

Auch der Arzt und Holzexperte Du Roi nimmt in einem Werk „Harbkesche wilde Baumzucht" Bezug auf das Landgut in Harbke. Erwähnt wird „Ginkgo biloba, Maidenhair Tree" und der Baum im Gutspark des Grafen von Veltheim. 1784 hatte der Stamm einen Durchmesser von 10 Zentimetern, die Höhe des Baumes betrug 3,30 Meter.

Neben Mannheim, Kassel, Harbke und Weimar

spielte Dresden eine wichtige Rolle bei der Kultur und Züchtung des Ginkgobaumes.

In Dresden ist besonders der Name des Hofgärtners Johann Heinrich Seidel mit dem Ginkgobaum verknüpft, war dieser doch in Frankreich und England gewesen und hatte im Botanischen Garten in Kew bei London den um 1775 gepflanzten Ginkgobaum kennengelernt. Als Hofgärtner in Dresden (seit 1778) versuchte Seidel erfolgreich, den Ginkgobaum in der sächsischen Stadt einzubürgern. Der Ginkgobaum im Garten des Marcolini-Palais in Dresden-Friedrichstadt sowie die Exemplare unterhalb der Brühlschen Terrasse sollen auf Seidel zurückgehen.

Von Dresden soll auch ein Ginkgobaum nach Wien transportiert worden sein.

Für den Ginkgobaum und dessen Aufnahme im Herzogtum Sachsen-Weimar-Eisenach ist vor allem, wie bereits angeführt, der Herzog Carl August von Wichtigkeit. Dieser stellte Gärtner und Botaniker ein und förderte sie nach Kräften.

Hierzu zählte auch Friedrich Gottlieb Dietrich (1765-1850). Er entstammte einer Familie, die Universitäten und Apotheken mit Kräutern versorgte. Am 20. Juni 1785 gab es eine erste Begegnung mit Goethe. Dieser nahm ihn im Juni mit zu einer botanischen Reise nach Karlsbad. In dem böhmischen Kurort soll Dietrich die Kurgäste beeindruckt haben. Goethe förderte daraufhin Dietrich, Carl August bezahlte das Studium in Jena. Von 1794 bis 1801 war Dietrich Hofgärtner in Weimar, er half Goethe bei der Schaffung des Gartens am Stern. Im Jahr 1796 hatte Carl August Dietrich nach England zur Ausbildung geschickt. In Kew bei London wird Dietrich sich näher mit dem Ginkgobaum befaßt haben können.

Dietrich fiel auch als Fachbuchautor auf. Er verfaßte einen Aufsatz mit dem Titel „Die Weimarische Flora oder Verzeichnis der im herzoglichen Garten befindlichen Bäume, Sträucher und Stauden" (Eisenach 1800) und ein Lexikon der Gärtnerei und Botanik.

Er berichtete von dem gesehenen Ginkgo in Kew und führte in Belvedere erfolgreich Vermehrungsversuche durch. In seinem Aufsatz wird auch deutlich, daß im Herzoglichen Orangengarten in Belvedere Ginkgopflanzen gekauft werden konnten. Bereit 1804 war es möglich, Ginkgopflanzen aus dem Katalog zu bestellen.

Auch der Pflanzenzüchter und Handelsgärtner Johann Reichert (1738-1797) war als Weimarer Hofgärtner ein guter Botaniker. 1793 wurde er Garteninspektor in Belvedere und bekannt durch seine eigene Baumschule. Er spezialisierte sich besonders auf nordamerikanische und exotische Bäume und verkaufte diese. So bot der Hofgärtner in seinem „Hortus Reichertranus oder ein vollständiger Catalog für Handelsgärtner und Liebhaber der Gärtnerey" auch den Ginkgo an: „Gingko, Ginkgobaum, biloba, ‚balmblättriger' für 2 Reichsthaler."

In Weimar wurde eine eigene botanische Bibliothek eingerichtet: diese wurde bedeutsam für Botaniker, Gärtner, Garteninspektoren.

Die wichtigsten Werke sowie die Pflanzenkataloge zählten auch zu Goethes Bibliothek in seinem Wohnhaus am Frauenplan. Zum Beispiel wurde das 1794 von Seidel in Weimar angefertigte „Verzeichnis der Glas- und Treibhauspflanzen ingleichen derer Bäume, Sträucher, Stauden und Sommergewächse", in dem der „Ginkgo biloba" erwähnt wird, von Goethe in seine Bibliothek aufgenommen.

Der heute noch bekannteste und berühmteste Ginkgobaum in Weimar wurde im Jahr 1813 gepflanzt.

Dieser geht zurück auf Johann Conrad Sckell. Er war Hofgärtner in Belvedere und pflanzte einen Ginkgobaum südöstlich des Fürstenhauses (hinter der Franz-Liszt-Hochschule).

Die Sckells waren eine alte Weimarer Gärtnerfamilie. Der Sohn Christian Sckell erhielt mit Förderung durch Goethe und Carl-August eine Ausbildung in Göttingen und wurde 1823 Hofgärtner und Schloßverwal-

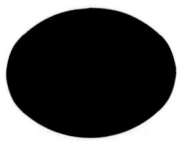

ter in Dornburg.

Goethe pflegte guten Kontakt zu den Gärtnern, Pflanzenzüchtern und Gartenexperten in Weimar, dieses wird auch in der 1864 erstellten Veröffentlichung „Goethe in Dornburg" von Christian Sckell deutlich.

Der Wiener Botaniker Joseph Franz von Jacquin veröffentlichte im Jahr 1819 unter dem Titel „Über den Ginkgo" in den Medizinischen Jahrbüchern des Kaiserlich-Königlichen Österreichischen Staates einen Beitrag, in dem er über den Ginkgobaum und seinen Weg nach Wien schrieb:

„Nach Wien kam meines Wissens 1781 das erste lebende Individuum durch den Handlungsgärtner Loddiges aus London nach Schönbrunn. Außerdem war der Baum, der sich in wenigen Jahren im Park in Erlaa befand, und auf eine andere Besitzung des Fürsten Starhemberg versetzt worden sein soll, der älteste in Österreich; dann folgte im Alter ein ehemals dem Hofsamenhändler Baumann gehöriges, aus Dresden gekommenes Bäumchen, welches später in den gräflich Harrachischen Park überging und noch lebt."

Die Veröffentlichung „Über den Gingko" schickte Jacquin im März 1820 an den Großherzog Carl August nach Weimar. Goethe, der das Buch in Empfang nahm, schrieb an den Großherzog:

„Ew. Königliche Hoheit erhalten hierbey die angekündigte Wiener Sendung: (...) Über den Ginkgo von Freiherrn von Jacquin. Ich weiß nicht, ob nicht eine solche Pflanze schon in Belvedere im Conservatorium steht, wo sie, an sonniger Stelle, trefflich fortkommen und in gewissen Jahren auch wohl blühen müßte. Die Blätter des Baumes haben das Eigene, daß sie sich in jüngeren Jahren in der Gestalt zeigen, wie sie Jacques hat abbilden lassen, wo ein Einschnitt in den Fächern kaum angedeutet ist. Dieser Einschnitt aber nimmt an späteren Zweigen zu, wie an beiden Blättern unter dem dadurch veranlaßten Gedicht zu sehen, und zwar endlich

dergestalt, daß es zwey Blätter zu sein scheinen."
(10.3.1820)

Die Antwort von Carl August an Goethe lautete fol-
gendermaßen: „Ich werde Jacquin über die Abhandlung, die G.B. betreffend, selbst antworten. Das größ-
te Exemplar, was auf dem europäischen Weltteil von
dieser Pflanze vorhanden ist, findet sich in den
königl. Gärten zu Kew in England und dorten hat
man erst entdeckt, daß es, wie die Bignonia radicaus
ein Gewächs ist, das an Mauern wachsen will. (...)
In Belvedere ist ein kleines schlechtes Exemplar, das
schon mehrere Jahre dorten im Lande steht. (...)
Die Pflanze ist gegen das Clima sehr empfindlich.
Selten ist sie gar nicht, und vermutlich auch in Jena
befindlich (...)"

Dieser Brief beweist, daß Carl August nicht nur wie
Goethe Interesse am Ginkgobaum zeigte, sondern
daß sie beide über botanische Kenntnisse verfüg-
ten.

Im Brief des Großherzogs wird auch Jena ange-
sprochen. Hier wurde 1794 unter Mitwirkung von
Goethe ein Botanischer Garten eingerichtet. Erster
Direktor von 1794 bis 1802 war August Johann

Georg Carl Batsch (1761-1802). In seiner Publikation „Conspectus horti botanici Ducalis Jenensis" von 1795 wird der Ginkgo erwähnt. Der Nachfolger wurde Friedrich Josef Schelver (1778-1832), Mediziner und Botaniker, der Kontakt mit Goethe pflegte und 1807 nach Heidelberg wechselte. Hier gab es wiederum Begegnungen mit Goethe, am 21./22.9.1814 und vom 21.9.-7.10.1815.

Ein weiterer wichtiger Botaniker aus Jena in diesem Zusammenhang war Friedrich Siegmund Voigt (1781-1850), der 1812 seinen „Catalogus Plantarum, que in hortis Ducalibus Jenensi et Belvederensi coluntur" herausgab. Für den Ginkgo wurde von Voigt noch die Bezeichnung „Salisburia adiantifolia" gewählt.

Interessant für die Ginkgobäume erscheinen noch weitere Städte: Frankfurt, Heidelberg, Karlsruhe.

Diese Städte stehen in unmittelbarer Beziehung zu Goethes Rheinreisen in den Jahren 1814 und 1815, so daß sie nicht von Goethe und seiner Beziehung zu Marianne von Willemer getrennt werden sollen.

„ ...Goethe hatte der Wilmer
ein Blatt des Ginkho biloba als
Sinnbild der Freundschaft
geschickt aus der Stadt ..."

„... Gibt mir geheimnisvollen Sinn zu kosten, woran sich fromm die Liebende erbaut."

Goethe, die Willemers, Boisserée,
der 15. September 1815
und das Ginkgoblatt

Den Sommer des Jahres 1815 verbrachte Goethe, wie schon im Vorjahr, in Wiesbaden, wo er sich zur Kur aufhielt. Der Aufenthalt wurde dadurch aufgelockert, daß Goethe im Rhein-Main-Neckar-Raum kürzere Reisen unternahm und Freunde traf. Hierzu zählten auch Marianne und Johann Jakob von Willemer. Goethe wohnte bei ihnen in einer Frankfurter Stadtwohnung oder aber bei ihnen in der Gerbermühle.

Der September 1815 war für Goethe literarisch durch seine Arbeit am Divan gekennzeichnet. Am 15. September entstand das Divan-Gedicht „Nicht Gelegenheit macht Diebe". In Goethes Tagebuch erfolgte folgende Eintragung für diesen Tag, der von so großer Bedeutung für die Entstehung des Ginkgo-Gedichtes und die Beziehung zu Marianne von Willemer werden sollte: „Schlosser Varia. Bei dem französischen Gemäldehändler. Mittag bei Guaita. George Brentano. Boisserée. M. Sovagny. Zu Gerning. Nach Hause. Mit Boisserée auf die Mühle. Fr. Brentano Winkel. Kistchen nach Weimar."

Der Abend wurde in geselliger Runde bei der Familie Willemer in der Gerbermühle verbracht.

Es wäre ein ganz normaler Abend geworden, wenn nicht Goethe als Freundschaftszeichen ein Ginkgoblatt mitgebracht hätte. Dieses wurde an diesem Abend in der Runde näher betrachtet.

Hierzu gehörte auch Sulpiz Boisserée, der über diese Ginkgoblatt-Präsentation in seinem Tagebuch vermerkte: „Heiterer Abend; G. hatte der Wilmer ein

Blatt des Ginkho biloba als Sinnbild der Freundschaft geschickt aus der Stadt. Man weiß nicht ob es eins, das sich in 2 teilt, oder zwei die sich in eins verbinden. So war der Inhalt des Verses. - Wir saßen in der schönen warmen Abend-Luft auf dem Balkon. Wilmer meint ich müßte mit der Schlafmütze schlafen; ich antwort daß ich kein Kölner Drikkes, und erzähle die Geschichte von dem Käppchen das mir der Müller Lauth zu Straßburg gegeben als ich mit Ehrmann bei ihm seines Vaters Hochzits-Wy gedrunken."

Interessant und bemerkenswert erscheint an dieser Tagebucheintragung, daß Goethe einerseits ein Ginkgoblatt mitbrachte, und zwar für Marianne, und dieses vorstellte. Andererseits erwähnt Boisserée aber auch schon den Inhalt der zweiten Strophe des Ginkgo-Gedichtes von Goethe, das zu diesem Zeitpunkt bereits in der Entstehung gewesen sein dürfte. „Das ist also die älteste Erwähnung; und da das Tagebuch nicht nur das Blatt erwähnt, sondern auch ausdrücklich schon den Vers und seinen Inhalt kennt, und da es eben als Tagebuch doch gleichzeitig mit den Ereignissen entstanden sein muß, wie auch seine Ausführlichkeit, zumal die Ausgiebigkeit in der Wiedergabe von Gesprächen, beweist, so stand der Gingo-Baum also in Frankfurt oder in seiner näheren Umgebung, wahrscheinlich im Garten einer der befreundeten Familien, die Goethe besucht hatte, etwa bei den Neufville-Gontards in der Stadt oder den Brentanos in Rödelheim; und demnach ist auch von dem Gedicht auf jeden Fall die mittlere Strophe (…) in den Tagen entstanden, da Goethe im ‚Roten Männchen' wohnte, also in der Woche zwischen Freitag dem 8. und 15. September." (E. Beutler, Essays um Goethe, S. 406)

An diesem Abend des 15. September soll Goethe auch der versammelten Gesellschaft das „Ginkgo Biloba"-Gedicht „Dieses Baums Blatt" vorgetragen haben, zumindest Teile, die bereits fertiggestellt waren.

Wenn Goethe an diesem 15. September Marianne von Willemer das Ginkgoblatt überreicht hat, so stellt sich auch die Frage, woher das Blatt stammte. Denn in Frankfurt standen zu jener Zeit die Ginkgobäume nicht an jeder Ecke.

Im Garten des Konsuls von Bethmann (Friedberger Anlage) befand sich ein Ginkgo-Baum, der um 1785 gepflanzt worden war.

Auch im Garten des Apothekers Peter Saltzwedel am linken Mainufer stand ein Ginkgobaum, der um 1787 gepflanzt worden war.

Hier hat Goethe möglicherweise das Blatt für Marianne von Willemer gepflückt, denn Goethe und Saltzwedel kannten sich, im Jahr 1814 hat es dort schon einmal einen Besuch von Goethe gegeben. Vom 8. bis 15. September wohnte Goethe im Stadthaus der Willemers („Zum Roten Männchen"), dieses lag genau auf der anderen Straßenseite des Saltzwedel'schen Apothekerhauses mit dem Garten. „(...) am Schaumainkai (heute Nr. 29), auf dem linken Mainufer, dem Roten Männchen gerade gegenüber, lag das Carl Andreae-Bansasche Haus, in einem riesigen Garten, noch größer als der (Jean Andreaesche) an der Hochstraße, der den ganzen jetzigen Opernplatz umfaßte. In dem Garten am Schaumainkai stand und steht heute noch ein Ginkgo biloba, wohl einer der ältesten in Frankfurt; er wurde uns schon in der Kindheit als Merkwürdigkeit gezeigt." Verbunden mit Gothes Tagebuch-Notiz wird diese Mitteilung von Max P. Andreae, Hamburg (* 1887), beachtenswert im Hinblick auf das Gedicht ,Ginkgo biloba', welches, mindestens teilweise, am 15. September 1815 entstanden ist.

Die Verbreitung des Ginkgobaumes in Frankfurt zur Goethezeit beschränkte sich im wesentlichen auf Gartenfreunde und Freunde von exotischen Pflanzen. So gab es einen Ginkgobaum beim Kaufmann und Kommerzienrat J. F. Metzler in Frankfurt-Oberrad am Mainberg, auch der Kaufmann P. A. Brentano besaß in Rödelheim einen solchen Baum. So

könnte Goethe auch bei den Brentanos Blätter für Marianne gepflückt haben, denn am 15. September war Goethe mit Boisserée bei George Brentano und Georg Friedrich von Guaita.

Am 15. September hatte Goethe Teile des Gedichtes „Ginkgo Biloba" vorgestellt, doch in seinem Tagebuch wird dieses Gedicht, aber auch das Ginkgoblatt, nicht erwähnt.

Am 16. September erhielt Goethe als literarische Antwort auf sein Divan-Gedicht „Nicht Gelegenheit macht Liebe" die Verse von Marianne von Willemer „Hochbeglückt in Deiner Liebe": Erst am 27. September 1815, als Goethe sich bereits in Heidelberg aufhielt, schickte er an Rosine Städel, Mariannes Stiefschwester und -tochter, die bis zum 26. September auch in Heidelberg weilte, einen Brief, in dem das Ginkgo Biloba-Gedicht wiedergegeben wurde.

„In Hoffnung, daß Sie den teuren Freunden alles getreulich ausrichten werden, wovon ich nicht den tausendsten Teil auszusprechen im Stande bin, schreib ich, liebe Rosette, diesen Brief. Da ich denn gleich, wie bisher, mich in die Poesie flüchten und ausrufen muß:

> Wo war das Pergament? der Griffel wo?
> Die alles faßten; doch so wars - ja so!

Nachdem uns denn die Freunde verlassen hatten, fingen die bisher nur drohenden Übel an, förmlich auszubrechen, es entstand ein Brustweh, das sich fast in Herzweh verwandelt hätte, natürliche Folge der Heidelberger Zugluft und veränderlichen Schloßtemperatur, worüber mir unberufen und ungefragt Herr Dr. Nägeli die genauste Auskunft gab, so daß ich, mit einiger Resignation die gegenwärtigen, mit einiger Vorsicht die künftigen Gebrechen in lauter Heil und Glück umwandeln könnte. Inwiefern es gelingt, kann ich vielleicht zukünftig vertrauen.

Aus dem Niedergeschriebnen aber ist ersichtlich, daß ich mit grundgelehrten Leuten umgehe, welche sich zwar an dem, was uns mit äußeren Sinnen zu fassen erlaubt ist, gerne ergötzen, zugleich aber be-

haupten, daß hinter jenen Annehmlichkeiten sich noch ein tieferer Sinn verstecke; woraus ich, vielleicht zu voreilig, schließe, daß man am besten täte, etwas ganz Unverständliches zu schreiben, damit erst Freunde und Liebende einen wahren Sinn hineinzulegen völlige Freiheit hätten.

Da jedoch jenes bekannte wunderliche Blatt durch seine prosaische Auslegung einigen Anteil gewonnen, so stehe hier die rhythmische Übersetzung.

Dieses Baums Blatt, der, von Osten,
Meinem Garten anvertraut,
Gibt geheimen Sinn zu kosten,
Wie's den Wissenden erbaut.

Ist es Ein lebendig Wesen?
Das sich in sich selbst getrennt;
Sind es Zwei? Die sich erlesen,
Daß man sie als Eines kennt.

Solche Frage zu erwidern
Fand ich wohl den rechten Sinn;
Fühlst du nicht an meinen Liedern,
Daß ich Eins und Doppelt bin?

Kaum als ich dieses geschrieben, erfreute mich eine
lange Unterredung mit Hofrat Creuzer, deren Resul-
tat war: es sei am besten getan, etwas Faßliches
und Begreifliches, Gefälliges und Angenehmes, ja
Verständiges und Liebenswürdiges vorauszusetzen,
weil man viel sicherer sei, alsdann den rechten Sinn
herauszufinden, oder hineinzulegen.
Hiermit nun, liebe Rosette (Sie erlauben mir doch
diesen zierlichen Namen, daß ich zugleich meine
Neigung und mein Vertrauen ausdrücke), überliefre
ich Ihnen, mit den sämtlichen Geheimnissen der
neuern Philologie, auch meine eignen, zu beliebi-
gem Privatgebrauch. Lassen Sie mich bald etwas
vernehmen, was den Rezepten des Herrn Dr. Nägeli
zu Hülfe kommen könnte. Immer in Ihre Nähe.
Angeeignet
Heidelb. d. 27. Sept 1815   Goethe"

Warum Goethe diesen Brief nicht an Marianne
schickte, zumal das Gedicht doch für diese bestimmt
war, bleibt offen. Deutlich wird jedoch durch diesen
Brief, daß das Ginkgo-Gedicht in Heidelberg fertiggestellt wurde. Aus der Frankfurter „prosaischen
Auslegung" war mittlerweile eine „rhythmische Übersetzung" geworden.
Bereits am 18. September war Goethe mit Boisserée
aufgebrochen, um über Darmstadt nach Heidelberg
zu reisen. Marianne und Jakob von Willemer reisten nach. Im Heidelberger Schloßgarten machte
Goethe Marianne auf einen Ginkgobaum aufmerksam. „Aber vor allem ist er mit Marianne auf dem
Schloß. Und hier im Schloßgarten, ‚seinem Garten',
findet Goethe nun auch den Gingo-biloba-Baum
wieder. Blätter werden abgebrochen und sind Ge-
genstand neuer Betrachtungen mit Marianne, mit

Rosette Städel (…)" (E. Beutler, Essays um Goethe, S. 410)

Goethe besuchte in Heidelberg auch den Altertumsforscher Georg Friedrich Creuzer (1771-1858). Es wurden Gespräche geführt über Mythologie. Goethe sprach über den Symbolgehalt griechischer und orientalischer Mythen. Dabei wurde auch über den Doppelsinn („eins und doppelt") diskutiert. Dieser Gedankenaustausch zwischen Goethe und Creuzer wird auch in das Ginkgo-biloba-Gedicht eingeflossen sein.

Der Dialog zwischen Goethe und Creuzer im Heidelberger Schloßpark wurde von einem Studenten, Gustav Parthey, festgehalten.

„Eines Nachmittags (1820) begegneten wir Creuzern oben auf dem Schloß und begleiteten ihn durch ein paar Gänge. Er hielt ein Blatt des wunderbaren chinesischen oder japanischen Baumes Gingo biloba in der Hand, von dem ein Stämmchen im Schloßgarten steht. Dabei teilte er uns mit: er habe, als Goethe 1815 Heidelberg besuchte, mit diesem bei einem Spaziergang im Schloß ein langes und interessantes Gespräch über die symbolische Deutung und Sinnigkeit der hellenischen mythologischen Personen und Erzählungen geführt; er habe versucht, Goethen auseinanderzusetzen, wie jede hellenische Gestalt doppelt anzusehen sei, weil hinter der bloßen Realität ein höheres Symbol verborgen liege. Die einfachen Fälle seien bekannt genug: Ares als Kriegsgott bedeute auch den Krieg, Hebe als die Jugendgöttin auch die Jugend… Dieser Doppelsinn sei allen antiken Mythen immanent, wenngleich nicht immer leicht herauszufinden. Den Glaubenden genüge das strikte Wortverständnis, den Wissenden ward der höhere Sinn in geheimen Weihen aufgeschlossen. Goethe ging auf diese Erörterungen mit regstem Eifer ein, als sie gerade bei dem Gingo biloba stillstanden; er pflückte ein Blatt und sagte: ‚Also ungefähr wie dieses Blatt: eins und doppelt!' Creuzer fand den Vergleich sehr glücklich und er-

hielt am andern Morgen das Blatt nebst dem beifolgenden Gedicht von Goethe zugesendet." (vgl. E. Beutler, Essays um Goethe, S. 411)

Bereits im Jahr 1795 war im Heidelberger Schloßgarten ein Ginkgobaum gepflanzt worden. Diesen wird Goethe gekannt haben, als er im September 1815 sich dort aufhielt.

Im Heidelberger Schloßpark gab es auch eine Begegnung Goethes mit dem Orientalisten und Theologen Heinrich Eberhard Gottlob Paulus (1761-1851). Goethe ließ sich von ihm in die arabische Schrift einführen. Über diese Begegnung berichtet K. A. von Reichlin-Meldegg: „Die Verehrung der Familie Paulus für unseren Dichter war so groß, daß während eines Spaziergangs (1815) zu den schönen Schloßruinen ein Blatt, das Göthe als merkwürdig auffiel, eines der Familienmitglieder zu sich nahm. Wohl verwahrt wurde es in Papier gelegt. Noch befindet es sich im Paulus'schen Nachlasse mit der Aufschrift ‚Ein Blatt, auf welches Göthe aufmerksam machte.'"

Mit der Überreichung des Ginkgoblattes am 15. September, der Erstellung des Ginkgogedichtes durch Goethe, und dem Besuch des Heidelberger Schloßparks in Zusammenhang steht auch ein Gedicht, das Marianne von Willemer neun Jahre später zu Goethes Geburtstag einem Brief beilegte.

Dieser Brief ist gekennzeichnet von Sehnsucht und Erinnerung an den gemeinsamen Aufenthalt in Heidelberg im September des Jahres 1815.

In der vierten Strophe des Gedichtes wird von Marianne ein unmittelbarer Bezug auf den Ginkgobaum genommen. Auch der „West-östliche Divan" kommt indirekt zur Sprache.

„Nur wenige Worte mögen Sie an dem Tage begrüßen, der für so viele ein Tag des Segens geworden; mit inniger Liebe gedenken wir Ihrer und segnen still und einsam das Fest Ihrer Geburt. Der Himmel scheint es verherrlichen zu wollen, denn die Sonne färbt mit glühendem Purper den klaren Abendhim-

mel, der Main ist dunkelblau wie die Schatten, die Wolken sind beinahe grün, und der Berg ist violett, ganz so wie damals; aber einer fehlt, der es betrachtet und deutet, und andere dadurch beglückt. Ihre Tochter wird noch immer mit Sehnsucht erwartet; sie, hoffte ich, sollte früh genug kommen, um ein Kästchen mitzunehmen, das nun, so verspätet, vielleicht um einen Tag *zu* spät kommen muß. Wie sehr hätte mich gefreut, wenn auch nur durch ein Geringes zur Feier des Tages beizutragen.

Gedenken Sie meiner, und in Liebe; daß ich Ihrer gedenke, möge Nachstehendes beweisen, so wie, daß die schönste Gegend immer eine fremde bleibt, wenn nicht durch Liebe und Freundschaft sie heimisch geworden; wo fände sich für mich eine schönere als Heidelberg!

Leben Sie hoch und glücklich!

Das Heidelberger Schloß
den 28. Juli abends 7 Uhr

Euch grüß ich weite, lichtumfloßne Räume,
Dich alten reichbekränzten Fürstenbau,
Euch grüß ich hohe, dichtumlaubte Bäume,
Und über euch des Himmels tiefes Blau.

Wohin den Blick das Auge forschend wendet
In diesem blütenreichen Friedensraum,
Wird mir ein leiser Liebesgruß gesendet
Aus meines Lebens freudevollstem Traum.

An der Terrasse hohem Berggeländer
War eine Zeit sein Kommen und sein Gehn,
Die Zeichen, treuer Neigung Unterpfänder,
Sie sucht ich, und ich kann sie nicht erspähn.

Dort jenes Baumsblatt, das aus fernem Osten
Dem *westöstlichen* Garten anvertraut,
Gibt mir geheimnisvollen Sinn zu kosten
Woran sich fromm die Liebende erbaut.

Durch jene Halle trat der hohe Norden
Bedrohlich unserm friedlichen Geschick;
Die rauhe Nähe kriegerischer Horden
Betrog uns um den flüchtgen Augenblick.

Dem kühlen Brunnen, wo die klare Quelle
Um grünbekränzte Marmorstufen rauscht,
Entquillt nicht leiser, rascher, Well auf Welle,
Als Blick um Blick, und Wort um Wort sich tauscht.

O! schließt euch nun ihr müden Augenlider.
Im Dämmerlichte jener schönen Zeit
Umtönen mich des Freundes hohe Lieder,
Zur Gegenwart wird die Vergangenheit.

Aus Sonnenstrahlen webt ihr Abendlüfte
Ein goldnes Netz um diesen Zauberort,
Berauscht mich, nehmt mich hin ihr Blumendüfte,
Gebannt durch eure Macht kann ich nicht fort.

Schließt euch um mich ihr unsichtbaren Schranken
Im Zauberkreis der magisch mich umgibt,
Versenkt euch willig Sinne und Gedanken,
Hier war ich glücklich, liebend und geliebt."

(Marianne von Willemer an Goethe, 25. August
1824)

Am Dienstag, dem 3. Oktober 1815, brachen Goethe und Boisserée von Heidelberg nach Darmstadt
auf. Unterwegs wurde auch über den Divan gespro-
chen. Goethe soll gesagt haben: „Besser einzelne
abgerissene Gedanken wie die einzelnen Gedichte
des Divan - die man nachher in ein Ganzes ordnet."
Der Besuch des Botanischen Gartens in Karlsruhe
erfolgte am 4. Oktober 1815, gemeinsam mit dem
Hofrat und Botaniker Karl Christian Gmelin. Hierüber schrieb Goethe an den Herzog Carl August:
„Der Botanische Garten unterhielt uns einen ganzen
Morgen, manches Neue ward gelernt."

Zum Bestand des Botanischen Gartens gehörten auch zwei Ginkgobäume, die ein Alter von etwa 20 Jahren hatten.

Boisserée vermerkt darüber in seinem Tagebuch:

„Am 4. October morgens mit G. Hofrat Gmelin in die Treibhäuser und Gärten bis Mittag. (...) Im Garten Rosa moschata weiß sternenartig klein, daraus das Rosen-Öl. Tulpanen-Bäume große, ein ganzer Kreis im Wald beim Garten. Gynko biloba wohl 24' hoch. Robina inermis reizend rundgestalt."

Bei dem Besuch des Botanischen Gartens in Karlsruhe soll Goethe auch ein Ginkgoblatt skizziert haben.

„Ist es Ein lebendig Wesen
Das sich in sich selbst getrennt?"

„Fühlst du nicht an meinen Liedern, daß ich Eins und doppelt bin?"

Das „Ginkgo-biloba"-Gedicht von Johann Wolfgang von Goethe

D as Gedicht „Ginkgo biloba" ist Bestandteil des Buches Suleika, dem umfangreichsten Teil des Gedichtzyklus „West-östlicher Divan" von Goethe.

Im Buch Suleika finden sich die Gedichte wieder, die Goethe besonders in dem Jahr 1815 während seines Aufenthaltes in Wiesbaden, Frankfurt und Heidelberg erstellt hat.

Das Gedicht und seine Deutung ist nicht zu lösen von Goethes Beschäftigung mit dem Osten, von seiner Auseinandersetzung mit orientalischer Kultur und persischer Literatur.

Dabei erweist sich der „Ginkgo biloba" als ein Baum, der mit seiner ostasiatischen Herkunft gut geeignet war, in den „West-östlichen Divan-Zyklus" aufgenommen zu werden.

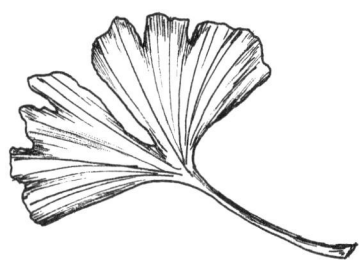

Das Geheimnis, das sich um das Ginkgoblatt rankt, das besonders vom eigenartigen Aussehen des Blattes ausstrahlt, ist dabei in zweifacher Hinsicht übertragbar: literarisch in den Dialog zwischen Hatem und Suleika, den Protagonisten des „Buches Sulei-

ka", in der Wirklichkeit auf die Beziehung zwischen Goethe und Marianne von Willemer.

Das Gedicht ist unmittelbar adressatenbezogen, nämlich auf Marianne und Teil eines Dialoges, der sich poetisch darstellt. Dabei sind Gedicht und Blatt unmittelbar auf Marianne gerichtet.

Die Genese des Gedichtes führt zu dem 15. September 1815 nach Frankfurt. Am Abend jenes Tages bringt Goethe den Willemers ein Ginkgoblatt mit und erste poetische Versuche darüber, vielleicht nur die zweite Strophe des Gedichtes, möglicherweise aber auch das ganze Gedicht. Am 27. September zeigt Goethe auf dem Schloß in Heidelberg Marianne den Ginkgobaum, erläutert ihr die Herkunft, seine Charakteristik. Ein Brief vom selben Tag an Rosine Städel nach Frankfurt, Mariannes Stiefschwester, beinhaltet das Gedicht in seiner endgültigen Form. In einer emotional sehr aufgewühlten Zeitspanne in der zweiten Septemberhälfte entsteht das Gedicht, das bereits die Stimmung eines Abschieds enthält. Ob Goethe zu dem Zeitpunkt bereits wußte, daß er Marianne nie mehr wiedersehen würde?

GINKGO BILOBA

Dieses Baums Blatt der von Osten
Meinem Garten anvertraut
Gibt geheimen Sinn zu kosten
Wie's den Wissenden erbaut.

Ist es Ein lebendig Wesen
Das sich in sich selbst getrennt?
Sind es zwei die sich erlesen
Daß man sie als Eines kennt?

Solche Fragen zu erwidern
Fand ich wohl den rechten Sinn;
Fühlst du nicht an meinen Liedern
Daß ich Eins und doppelt bin?

Johann Wolfgang von Goethe: „Ginkgo Biloba", eigenhändige Reinschrift seines Gedichts mit aufgeklebten Ginkgo-Blättern (1815), Goethe-Museum, Düsseldorf.

Das Gedicht „Ginkgo biloba" liegt in drei Fassungen vor: Die erste Fassung, vom 27. September 1815, die an Rosine Städel geschickt wurde, ist Bestandteil eines Briefes, den Goethe aus Heidelberg an die Tochter von Johann Jakob von Willemer nach Frankfurt schickte. Rosine nahm vom 23. bis 26. September am Heidelberger Aufenthalt teil. Daneben gibt es Goethes Reinschrift des „Ginkgo biloba"-Gedichtes, mit der Datierung 15. September 1815, das mit zwei von Goethe selbst aufgeklebten Ginkgoblättern illustriert wurde. Eine weitere Fassung stammt vom 10. März 1820. In einem Brief an den Großherzog Carl August erschien das Gedicht als Beilage.

Darüber hinaus gibt es eine Fassung im Erstdruck des West-östlichen Divans aus dem Jahr 1819 (S. 131). Hier fällt besonders die Schreibweise der Überschrift ins Auge: „Gingo biloba."

Die erste Strophe des Gedichts hat in gewisser Hinsicht eine expositorische Funktion. Die Frage nach dem geheimen Sinn „dieses Baums Blatt" wird in den Mittelpunkt gerückt. Dabei fällt die Alliteration ins Auge. Zunächst wird der in der Gedichtüberschrift genannte Baum vorgestellt: seine Herkunft, der Osten, und sein jetziger Standort im Garten, wo er nicht selbst, aus sich selbst, entstanden ist, sondern wo er hingebracht wurde, dem Garten „anvertraut" wurde. Von wem, wird nicht genannt, hat auch keine Bedeutung, wichtig ist allerdings, daß er dort eingepflanzt wurde. Die Pflanzung ist aber nicht wirklich, sondern im bildlichen Sinne aufzufassen. Der Baum ist sozusagen Repräsentant des „westöstlichen Divan-Geistes".

Das Possessivpronomen „Meinem" bringt zugleich das lyrische Ich ins Spiel, ist aber nicht konkret zu verstehen, sondern nimmt Bezug zur eigenen Fantasie. Der Garten erscheint als Topos für Liebe und Poetik.

Die Verse drei und vier beziehen sich auf das Blatt des Ginkgobaumes, das bereits in Vers eins erwähnt

wurde. Das Blatt enthalte einen geheimen Sinn; dieses Geheimnis zu entschlüsseln, ist dem Wissenden, das heißt demjenigen, der das Blatt kennt, nicht nur möglich, sondern dient auch der Erbauung, der Bildung und Unterhaltung gleichermaßen. Damit wird ein deutlicher Bezug zum Divan hergestellt, der nur verständlich wird aus dem Wissen um den Kontext (Literatur, Biographie). Kennzeichen wird hier auch bereits die Doppeldeutigkeit, der Doppelsinn. Dazu schrieb Goethe in seinem Brief an Rosine Städel (27. September 1815):

„Aus dem Niedergeschriebenen aber ist ersichtlich, daß ich mit grundgelehrten Leuten umgehe, welche sich zwar an dem, was uns mit äußeren Sinnen zu fassen erlaubt ist, gerne ergötzen, zugleich aber behaupten, daß hinter jenen Annehmlichkeiten sich noch ein tieferer Sinn verstecke; woraus ich, vielleicht zu voreilig, schließe, daß man am besten täte, etwas ganz Unverständliches zu schreiben, damit erst Freunde und Liebende einen wahren Sinn hineinzulegen völlige Freiheit hätten."

Die Formulierung der paradoxen Verhältnisse zwischen Einheit und Zweiheit findet sich in der zweiten Strophe. Hier wird das Blatt und dessen Form besonders im Hinblick auf die Doppeldeutigkeit aufgegriffen. Die zweite Strophe hat eine problemaufzeigende Funktion; zwei Fragen in je zwei Versen sorgen für eine Verdichtung und Zuspitzung. Auffällig bei der ersten Frage ist die Großschreibung des „Ein", die eine Betonung und Hervorhebung bewirkt. Diese Großschreibung findet sich auch im letzten Vers der dritten Strophe wieder. Auch dort wird das „Eins" des Blattes auf das „Eins" des lyrischen Ichs übertragen. Bereits in der doppelten Fragestellung, in der chiasmusartigen Überschneidung wird die Antwort vorweggenommen; ein „geheimer Sinn" ist vorhanden. Damit wird die Thematik des Gedichtes und des Ginkgoblattes deutlich: die Dualität zwischen Trennung und Vereinigung; auf der einen Seite eine Autonomie und Selbständigkeit, auf der an-

deren Seite die Verbundenheit von Liebe und Zuneigung. In diesen Zusammenhang gehört auch die Bezeichnung des Blattes als „Ein lebendig Wesen". In der dritten Strophe erfolgt die Antwort, die Auflösung des Rätsels, die sich erneut in eine Frage verwandelt. Diese ist als Anspielung auf den poetischen Dialog zwischen Hatem und Suleika zu verstehen. Deutlich tritt in dieser Strophe das lyrische Ich in Erscheinung. Aber auch der Dialogpartner wird einbezogen, um so die Wechselseitigkeit deutlich zu machen. Dabei erfolgt der Wechsel, die Übertragung von einem Phänomen der Botanik, von dem Blatt des Ginkgobaumes, auf die poetische Ebene. Die Doppeldeutigkeit des Blattes findet sich in dem lyrischen Dialog der Liebenden wieder. Die Dialektik nimmt Bezug zum Divan. Damit wird die Wechselbeziehung zwischen dem Gedicht und dem Zyklus sichtbar.

Diese wird auch bei der Einordnung des „Ginkgo biloba"-Gedichtes in den Kontext des Buches Suleika deutlich, denn auch die umrahmenden Gedichte bewegen sich in dem dialogischen Wechselspiel.

Im Zusammenhang mit der Heidelberger Begegnung von Goethe und Marianne von Willemer stehen zwei weitere Gedichte. Das eine stammt von Goethe und entstand am 24. September 1815, einen Tag, nachdem die Willemers in Heidelberg eintrafen, wohin sie Goethe nachgereist waren. Die Freude über das Wiedersehen zeigte sich darin, daß Goethe Marianne im Schloßpark küßte, in den Versen, die Goethe mit einem Stock in den Sand schrieb (aus dem Divan-Gedicht „Lieb` um Liebe") und ganz besonders in seinem Gedicht „Wiederfinden".

WIEDERFINDEN

Ist es möglich! Stern der Sterne,
Drück` ich wieder dich ans Herz!
Ach, was ist die Nacht der Ferne
Für ein Abgrund, für ein Schmerz!

Ja, du bist es! meiner Freuden
Süßer, lieber Widerpart;
Eingedenk vergangner Leiden,
Schaudr' ich vor der Gegenwart.

Als die Welt im tiefsten Grunde
Lag an Gottes ew'ger Brust,
Ordnet' er die erste Stunde
Mit erhabner Schöpfungslust,
Und er sprach das Wort: ‚Es werde!'
Da erklang ein schmerzlich Ach!
Als das All mit Machtgebärde
In die Wirklichkeiten brach.

Auf tat sich das Licht! So trennte
Scheu sich Finsternis von ihm,
Und sogleich die Elemente
Scheidend auseinander fliehn.
Rasch, in wilden, wüsten Träumen
Jedes nach der Weite rang,
Starr, in ungemeßnen Räumen,
Ohne Sehnsucht, ohne Klang.

Stumm war alles, still und öde,
Einsam Gott zum erstenmal!
Da erschuf er Morgenröte,
Die erbarmte sich der Qual;
Sie entwickelte dem Trüben
Ein erklingend Farbenspiel,
Und nun konnte wieder lieben
Was erst auseinander fiel.

Und mit eiligem Bestreben
Sucht sich, was sich angehört,
Und zu ungemeßnem Leben
Ist Gefühl und Blick gekehrt.
Sei's Ergreifen, sei es Raffen,
Wenn es nur sich faßt und hält!
Allah braucht nicht mehr zu schaffen,
Wir erschaffen seine Welt.

So, mit morgenroten Flügeln,
Riß es mich an deinen Mund,
Und die Nacht mit tausend Siegeln
Kräftigt sternenhell den Bund.
Beide sind wir auf der Erde
Musterhaft in Freud' und Qual,
Und ein zweites Wort: Es werde!
Trennt uns nicht zum zweitenmal.

Am Dienstag, dem 26. September 1815, traten die Willemers von Heidelberg die Rückreise nach Frankfurt an.
Das Gefühl, Goethe verlassen zu müssen, spiegelt sich in Mariannes Gedicht an den Westwind wider, das sie auf dem Weg nach Frankfurt erstellte.

SULEIKA

Ach, um deine feuchten Schwingen,
West, wie sehr ich dich beneide:
Denn du kannst ihm Kunde bringen,
Was ich in der Trennung leide.

Die Bewegung deiner Flügel
Weckt im Busen stilles Sehnen;
Blumen, Augen, Wald und Hügel
Stehn bei deinem Hauch in Tränen.

Doch dein mildes sanftes Wehen
Kühlt die wunden Augenlider;
Ach, für Leid müßt' ich vergehen,
Hofft' ich nicht zu sehn ihn wieder.

Eile denn zu meinem Lieben,
Spreche sanft zu seinem Herzen;
Doch vermeid' ihn zu betrüben
Und verbirg ihm meine Schmerzen.

Sag' ihm aber, sag's bescheiden:
Seine Liebe sei mein Leben,

Freudiges Gefühl von beiden
Wird mir seine Nähe geben.

Die Deutung des Gedichtes „Ginkgo biloba" von
Goethe läßt sich aus den Fragen der zweiten Strophe ableiten. Das Ginkgoblatt ist als Gleichnis für
„zwei in eins" und „eins in zwei" zu sehen. Diese
Deutung wird auch von Siegfried Unseld formuliert:
„Zwei Liebende werden im Akt des Liebens eins, und
doch weiß Hatem, weiß Goethe, daß Zweisamkeit
immer auch Einsamkeit bedingt. So wie das Blatt,
das sich nach Goethe teilen möchte, trennt, um sich
doch im Doppel als Ganzes zu verstehen. (…) Er
ist der Liebende und der Geliebte, aber gleichzeitig
ist er der Dichter, der in seinen Liedern, in seinen
Gedichten, in seinen Werken existent ist." (S. Unseld,
Goethe und der Ginkgo, S. 62, 63)
Das Ginkgoblatt wird zum Symbolträger, einmal für
den Dichter und damit für Hatem und Suleika, aber
auch für die Liebenden, für Goethe und Marianne
von Willemer. Die Dialektik wird zum zentralen
Aspekt des Gedichtes.
„Marianne erinnerte sich an die Gespräche, nahm
sich die Freiheit und verstand, den ‚geheimen Sinn
zu kosten'. Nichts anderes teilte ihr Hatem mit, als
daß die Zweisamkeit Einsamkeit bedinge, und führte ihr es mit des Baumes Blatt anschaulich vor. Es
ist eines und möchte sich teilen, mehr noch: tren-
nen, um sich im Doppel als Ganzes zu verstehen.
Aber könnte es nicht ebenso bedeuten, daß es sich
von sich entferne? So weit will Hatem es nicht kommen lassen. Zwar fragt er: Sind es zwei`, doch fügt
er, sie - nicht sich - beschwichtigend hinzu: 'die
sich erlesen / Daß man sie als Eines kennt?` Die
sich gewählt, die sich gefunden. Und den Widerspruch kann ohnedies nur Hatem lösen, indem er
ihn aushält, in sich aufnimmt und auslebt: 'Fühlst
du nicht an meinen Liedern / Daß ich Eins und doppelt bin.'" (Peter Härtling, Die Ferne in der Nähe, S.
370)

„Dies ist der Baum, von welchem
er mir damals ein Blatt brachte und
schenkte und mir dann das Gedicht
machte und zuschickte."

„Du darfst es niemand wiedersagen, ja, ich habe die Verse gemacht"

Die Frau hinter Goethes Ginkgo-Gedicht: Marianne von Willemer

Marianne von Willemer, eigentlich Maria Anna Katharina Theresia Pirngruber, genannt Jung (1784-1860), war die uneheliche Tochter des Linzer Instrumentenmachers Jung und der Wiener Schauspielerin M.A.E. Pirngruber.

Bei einem Geistlichen erhielt das musisch begabte Mädchen Sprach-, Literatur- und Schauspielunterricht.

Im Jahr 1798 kam Marianne mit der Truppe des Ballettmeisters Traub in Begleitung ihrer Mutter nach Frankfurt. Ihre Auftritte in der Komödiantengruppe fielen auf, besonders ihre Rolle, bei der sie als Harlekin aus einem Ei schlüpfen mußte.

Unter den Frankfurter Zuschauern war auch der Geheimrat Johann Jakob von Willemer (1760-1838), der eine besondere Vorliebe für das Theater und die Schauspieler hatte. So veranstaltete er gelegentlich Soupers für die Schauspieler und pflegte enge Kontakte zum Theater. Von Willemer war bereits zweimal verwitwet, aus erster Ehe stammten vier Töchter, die älteste, Rosette, war bereits verheiratet. Aus der zweiten Ehe stammte der Sohn Abraham. Von Willemer zeigte lebhaftes Interesse an Marianne Jung. Er traf eine finanzielle Vereinbarung mit ihrer Mutter, die eine Abfindung und eine Art Rente erhielt, und nahm Marianne als Pflegetochter (1800) in seine Familie auf.

Auf der einen Seite ergab sich dadurch eine recht eigenwillige Familienkonstellation, die besonders in der Frankfurter Öffentlichkeit zu Gerede Anlaß gab,

auf der anderen Seite allerdings sorgte Willemer dafür, daß Marianne eine intensive Ausbildung erhielt. Ihr musisches und schauspielerisches Talent wurden gefördert, sie erhielt Gitarrenunterricht bei Clemens Brentano, Zeichenunterricht bei J. G. Schütz, doch die ausgebildeten Fähigkeiten konnte Marianne in keiner Weise ausleben.

Am 27. September 1814 erfolgte die Heirat zwischen Johann Willemer und Marianne Jung. Damit wurde die seit längerem bestehende Hausgemeinschaft legalisiert. Dennoch war die Verbindung nicht unproblematisch. Willemer war immerhin 24 Jahre älter, die Stieftochter Rosette, die nach dem Tod ihres Mannes 1802 als Zwanzigjährige wieder ins Elternhaus zog, war zwei Jahre älter.

Goethe, der sich im September 1814 im Rhein-Main-Gebiet aufhielt, schrieb in einem Brief am 12. Oktober an seine Frau Christiane nach Weimar: „Abend zu Geheimrätin Willemer: denn dieser unser würdiger Freund ist nunmehr in forma verheiratet."

Die erste Begegnung zwischen Goethe und Marianne Jung erfolgte am 4. August 1814. Goethe vermerkte lapidar in seinem Tagebuch: „Hauptmann von Luck. Um 8 Uhr von Mainz ab. Bewegter Rhein. Wiesbaden. Geheimer Rat Willemer. Demoiselle. Jung. Gebadet (…)"

In diesem ersten Sommer, als Goethe und Marianne sich kennenlernten, gibt es keine direkten Anzeichen, die über eine Sympathie hinausweisen, dennoch zeichnete sich die Besonderheit dieser Beziehung bereits in einem Gedicht ab, das Marianne im Oktober 1814 an Goethe schickte. Hierin wird der lockere Umgang zwischen den beiden angesprochen, denn Goethe hat wohl Marianne als „seine liebe Kleine" tituliert. Aber auch Goethes ständig sich wiederholende Redewendung, etwas sei „so lang wie breit", wurde von Marianne poetisch aufgegriffen.

Im Folgejahr 1815 weilte Goethe wiederum zur Kur in Wiesbaden. In dieser Zeit intensivierte sich die

Beziehung zu Marianne von Willemer und steigerte sich zu einer Art Leidenschaft. Vom 12. August bis zum 17. September wohnte Goethe in Frankfurt bei den Willemers, entweder in deren Stadthaus ("Zum Roten Männchen") oder aber auf der Gerbermühle. Am 18. September reiste Goethe zusammen mit Sulpiz Boisserée nach Heidelberg; Marianne reiste ihm nach, zusammen mit Ehemann und Rosette. Hier erfolgte auch der Abschied, der besonders schwer fiel. Es war, und das konnte niemand voraussehen, ein Abschied für immer.

Aber was geschah in diesen wenigen Wochen, in denen Goethe und Marianne eine Beziehung aufbauten, die so wenig greifbar ist und in ihrer Intensität kaum begriffen werden kann?

Goethe hatte Marianne den Hafis mitgebracht, ihr Gedichte geschrieben, sie hatte lyrisch geantwortet, er hatte ihr Ginkgoblätter geschenkt, das "Ginkgo-biloba"-Gedicht geschrieben, sie hatten eine Beziehung entwickelt, die man vielleicht als poetische Liebe bezeichnen könnte, eine Art Seelenverwandtschaft, die sich in den Figuren Hatem und Suleika literarisch verdichtete.

Am 25. September 1815 reisten die Willemers zurück nach Frankfurt. Goethe nahm nur wenige Tage später den Weg nach Weimar. Die Willemers, nicht nur Marianne, sondern auch ihr Mann Jakob, hofften auf ein Wiedersehen im Jahr 1816. Der Tod von Goethes Frau Christiane im Juni 1816 stärkte die Hoffnung auf ein Wiedersehen, doch Goethe, der am 20. Juli aufbrach, um wiederum das Rheinland aufzusuchen, hatte einen Unfall mit seinem Reisewagen. Dieser wurde von Goethe als Zeichen aufgefaßt, das Reisen zu unterlassen.

Wenn es auch kein Wiedersehen geben sollte, so gab es doch einen intensiven Briefwechsel bis zu Goethes Tod. Dabei waren so manchem Brief „Liebesgaben" beigelegt, etwa die berühmten Pantoffeln für Goethe, Artischocken, Goethes Lieblingsgemüse, oder 1811er Johannisberger Wein.

Dennoch war die Enttäuschung darüber, daß Goethe trotz zahlreicher Einladungen nicht wieder kam, besonders bei Marianne groß.

Diese wird in einem Brief sehr deutlich, den Marianne im Dezember des Jahres 1818 an Goethe schickte.

Dabei schien die Beziehung zwischen Goethe und Marianne nicht primär von ihr auszugehen, auch Goethe selbst scheute sich nicht davor, in seinen Briefen Gefühle ihr gegenüber zu zeigen. Besonders deutlich wird dieses in einem Schreiben vom Juli 1819; hier ging Goethe zum ersten und einzigen Mal auch dazu über, Marianne zu duzen.

„Nein, allerliebste Marianne, ein Wort von mir sollst du in Baden nicht vermissen, da du deine lieben Lippen wieder walten lässest und ein unerfreuliches Stillschweigen brechen magst. Soll ich wiederholen, daß ich dich von der Gegenwart des Freundes unzertrennlich hielt, und daß bei seinem treuen Anblick alles in mir rege ward, was er uns so gern und edel gönnt. Ob du gleich schweigst, hatte ich allerlei zurechtgelegt, der Rückkehrende vermied, und es blieb liegen.

Nun da du sagst, und so lieblich, daß du mein ge-
denkst und gern gedenken magst: so höre doppelt
und dreifach die Versicherung, daß ich jedes deiner
Gefühle herzlich und unablässig erwidre. Möge dich
dies zur guten Stunde treffen, und dich zu einem
recht langen Kommentar über diesen kurzen Text
veranlassen. Wäre ich Hudhud, ich liefe dir nicht
über den Weg, sondern schnurstracks auf dich zu.
Nicht als Boten, um mein selbst willen müßtest du
mich freundlich aufnehmen. Zum Schluß den from-
men liebevollen Wunsch

Eja! wären wir da!

G"

Mit gewisser Genugtuung muß Marianne von Willemer die Entgegennahme des gedruckten „West-
östlichen Divans" erlebt haben, hat sie doch dort
ihre eigenen Verse wiedergefunden. Doch dieses
Geheimnis, daß sie als Mitautorin am Divan tätig
war und sie Goethe zu zentralen Teilen des Gedichtzyklus als, wenn man so will, Muse inspiriert hatte,
behielt sie zunächst für sich.
Die Briefverbindung zwischen Goethe und Marianne von Willemer währte bis zu Goethes Tod.
Im Februar 1832, nur wenige Wochen vor Goethes
Tod, schickte dieser die Briefe von ihr an Marianne
zurück.
Am selben Tag, als Marianne von seinem Tod er-
fuhr, öffnete sie das Päckchen und fand auf ihren
Briefen ein Gedicht, das Goethe für sie geschrieben
hatte:

Vor die Augen meiner Lieben,
Zu den Fingern, die's geschrieben -
Einst in heißestem Verlangen
So erwartet, wie empfangen -
Zu der Brust, der sie entquollen,
Diese Blätter wandern sollen:
Immer liebevoll bereit
Zeugen allerschönster Zeit.

Die Beziehung zwischen Goethe und Marianne von Willemer, ihre gemeinsame Autorenschaft des „West-östlichen Divan" wäre sicherlich noch lange ein Geheimnis geblieben, vielleicht hätte dieses Marianne auch mit ins Grab genommen, wenn nicht Hermann Grimm einen intensiven Kontakt zu ihr aufgenommen und gepflegt hätte. Unter dem Titel „Goethe und Suleika" veröffentlichte er 1869, neun Jahre nach Mariannes Tod, einen Aufsatz, der das enge Verhältnis zwischen ihr und Goethe erhellen sollte.

Grimm schildert seine erste Begegnung in ihrem Haus in Frankfurt (1849), beschreibt den „Schatz der Goetheschen Briefe", die alle auseinandergefaltet und lose ein Blatt auf das andere gelegt waren. „Da hing, dicht neben der Eingangstüre, groß eingerahmt ein prachtvolles Blatt: ein Gedicht von Goethes Hand in sorgfältiger lateinischer Schrift, ein voller Rand aus bunt- und goldgemalten Arabesken." (H. Grimm, Goethe und Suleika, S. 289)

Die erste Begegnung zwischen Herman Grimm und Marianne von Willemer führte zu einer umfangreichen Korrespondenz („ihre Briefe bilden ein ziemliches Paket").

Zunächst ahnte Hermann Grimm nichts von der geheimnisvollen Beziehung zwischen Goethe und Marianne. Grimm erlebte sie zunächst als faszinierende Persönlichkeit.

Erst einige Jahre später, nachdem Grimm Marianne näher kennengelernt hatte, kam es zur Lüftung des Geheimnisses, die sich bei einer gemeinsamen Landpartie in der Nähe von Frankfurt vollzog.

„Ich erinnere mich deutlich, wie über den Himmel von Westen her allerlei Gewölk zog, *welches schlechtes Wetter* für die nächsten Tage ankündigte, und *ein seufzender Wind über die Felder ging.* Ich weiß nicht, wie mir Goethes Verse da in den Sinn kamen. *,Ach, um deine feuchten Schwingen, West wie sehr ich dich beneide.'* Ich sprach sie halblaut vor mich hin im Weiterschreiten.

Marianne machte halt, sah mich eine Weile mit ihren graublauen, glänzenden und beweglichen Augen an und sagte ,Höre, wie kommst du dazu, dies Gedicht zu sagen?'

,O, es fiel mir gerade so lebhaft ein', antwortete ich. ,Es ist eins von Goethes schönsten.'

Marianne sah mich immer an, als wolle sie etwas sagen und besänne sich, ob sie es tun sollte.

,Ich will dir etwas sagen', rief ich plötzlich aus und weiß selbst nicht, wie ich darauf kam: ,Das Gedicht ist von dir? Du hast es gemacht!'

Diese Vermutung lag doch nicht so fern. Der Divan ist da, wo es sich findet, fast wie ein Duett gehalten. Ich wußte außerdem, welchen Anteil Marianne im allgemeinen an der Entstehung dieser Dichtungen hatte.

,Du darfst es niemand wiedersagen', begann sie nach einer Weile und streckte mir die Hand hin: ,Ja, ich habe die Verse gemacht.'

Dies kam mir doch unerwartet. Sie brach dann aber dies Gespräch ab."

(H. Grimm, Goethe und Suleika, S. 296, 297)

Die Wichtigkeit Goethes in Marianne von Willemers

Leben wird noch deutlicher in einem Brief, den sie am 3. Juni 1855 verfaßte.

„Es ist mir immer einleuchtender geworden, daß man sich nicht zu rechter Zeit findet; aber glaube mir, mein Freund, unter den tausend Menschen, die Du mir zu kennen aufbürdest, sind mir die meisten unbekannt, und wenn ich sie auf bekannte reducire, bleiben vielleicht etwa funfzig, und diese auf Freunde bleibt etwa die Hälfte, masculinum und femininum, und wenn ich die zähle, die mir so nahe standen, daß ich sie mir deutlich machen konnte und mein Herz oder mein Verstand sie mir eigen machte, wiewohl nicht immer mit Erwiedrung, so bleiben wenige die das Eine nicht auf Kosten des Andern befriedigten, entweder litt ich von Herzen mit Schmerzen, oder klein wenig, oder gar nicht. Diese wenigen nun kann ich zählen, über Allen steht Goethe und grade an der Stelle, wo ich die vollste Uebereinstimmung aller Ansprüche fand."

Auch die Rolle bei der Erstellung des Divan wird von Marianne Hermann Grimm brieflich mitgeteilt.

„Im Divan hast du nichts auszuscheiden; außer dem Ost- und Westwinde habe ich nichts auf meinem Gewissen, als allenfalls noch ‚Hochbeglückt in deiner Liebe', und ‚Sag du hast wohl viel gedichtet'. Doch habe ich manches angeregt, veranlaßt und erlebt! Ich glaube, dir das Original vom Westwind versprochen zu haben, es ist zwar nur sehr weniges verschieden vom Abdruck, aber doch bezeichnend." (5. April 1856)

Im Herbst des Jahres 1869, nur wenige Monate vor ihrem Tod, machte sich Marianne von Willemer vom Stift Neuburg auf den Weg, um noch einmal Heidelberg zu sehen. In ihrer Begleitung befand sich eine Verwandte, Emilie Kellner; gemeinsam besuchten sie den Schloßberg. Hier erinnerte sich Marianne an den gemeinsamen Aufenthalt mit Goethe.

Auch gab es eine Begegnung mit dem Heidelberger Ginkgobaum. Hierüber vermerkte Emilie Kellner: „Im Heraustreten aus dem Schloßhof, wenn man sich

rechts wendet, gleich vornen am Weg in der Anlage steht der Baum Gingo biloba. Frau von Willemer blieb hier stehen, suchte mit ihrem Sonnenschirm einige Blätter desselben zu erhaschen und sagte: ‚Dies ist der Baum, von welchem er mir damals ein Blatt brachte und schenkte und mir dann das Gedicht machte und zuschickte.'"

„Sie erhielt von ihm ein Ginkgoblatt
in Frankfurt, im Heidelberger
Schloßgarten machte Goethe seine
‚Suleika' auf einen Ginkgobaum
aufmerksam."

> *„(...) also bald, recht bald wird sich uns der Osten mit allem Glanze des Blüten- und Farbenschmuckes aufschließen, ich kann es kaum erwarten."*

Goethes West-östlicher Divan und das Ginkgoblatt

Neben den „Römischen Elegien", die die Hinwendung zur klassischen Antike und die Begegnung mit der Römerin Faustina sowie später Christiane Vulpius lyrisch verarbeiten, bildet der „West-östliche Divan" Goethes zweiten großen Gedichtzyklus, der 1819 erschien, bis 1827 erweitert wurde und Goethes Auseinandersetzung mit der orientalischen Literatur darstellt und spiegelt.

Kaum ein literarisches Werk Goethes ist mit so vielen Geheimnissen umrankt wie der „West-östliche Divan". Die Geheimnisse werden noch dadurch verstärkt, daß Marianne von Willemer an der Erstellung der Gedichte nicht unwesentlich beteiligt war und das Gedicht „Ginkgo biloba" von Goethe sowohl die Begegnung mit dem Orient, mit Asien, aber auch die Beziehung zu Marianne von Willemer aufgreift und poetisch erhöht und verdichtet. Nicht nur das Werk selbst, auch die Entstehung des „West-östlichen Divan" ist mit zahlreichen Geheimnissen verbunden.

Der Produktion lag kein klar strukturiertes Konzept zugrunde, es gab zunächst kein klares Ziel, sondern lediglich eine prozeßhafte Entwicklung, in die der politische Hintergrund, mehr aber noch autobiographische Aspekte einflossen. Vor allem die Rolle von Marianne von Willemer im Prozeß der Genese

blieb lange unbekannt. Im Mai des Jahres 1815 schrieb Goethe einen Brief an seinen Verleger Cotta, schickte ihn aber nicht ab. Hierin wird bereits deutlich, daß Goethe sich intensiv mit orientalischer Literatur befaßte und ein eigenes Werk zu produzieren beabsichtigte.

Die Gründe für die Produktion des „West-östlichen Divan" sind in der Auseinandersetzung Goethes mit persischer Literatur zu suchen.

Die Orientalistik als Wissenschaft steckte in Deutschland noch in den Kinderschuhen. In Frankreich hingegen gab es bereits bedeutende Wissenschaftler; besonders ist der Baron de Sacy hervorzuheben, den Goethe in seinem Divan huldigend erwähnt. Es wurde allmählich Mode, sich von der klassischen Antike ab- und dem Orient im weitesten Sinne zuzuwenden.

Auch Goethe geriet in diese Modebewegung. In die Universitätsbibliothek Jena gelangten in jenen Jahren orientalische Handschriftenblätter, die Goethes Interesse weckten. Und schließlich schickte der Verleger Cotta Goethe am 10. Mai 1814 ein Buch mit dem Titel „Der Diwan des Mohammed Schemseddin-Hafis. Aus dem Persischen zum erstenmal ganz übersetzt von Joseph von Hammer-Purgstall". Die zwei Bände waren 1812/13 in der Cotta'schen Verlagsbuchhandlung Stuttgart und Tübingen erschienen. Der Divan des persischen Dichters Hafez (1317/25 - 1389/90) bildet sozusagen den geistigen Impuls, sich mit der Begegnung zweier Kulturen, „west-östlich", zu befassen.

Die Lektüre dieses Buches führte bei Goethe zu einer Faszination, die er im Jahr 1815 schriftlich festhielt: „Schon im vorigen Jahre waren mir die sämmtlichen Gedichte Hafis in der von Hammer'schen Übersetzung zugekommen, und wenn ich früher den hier und da in Zeitschriften übersetzt mitgetheilten einzelnen Stücken dieses herrlichen Poeten nichts abgewinnen konnte, so wirkten sie doch jetzt zusammen desto lebhafter auf mich ein,

und ich mußte mich dagegen productiv verhalten, weil ich sonst vor der mächtigen Erscheinung nicht hätte bestehen können. Die Einwirkung war zu lebhaft, die deutsche Übersetzung lag vor, und ich mußte also hier Veranlassung finden zu eigener Theilnahme. Alles was dem Stoff und dem Sinne nach bei mir Ähnliches verwahrt und gehegt worden, that sich hervor, und dieß mit um so mehr Heftigkeit, als ich höchst nöthig fühlte, mich aus der wirklichen Welt, die sich selbst offenbar und im Stillen bedrohte, in eine ideelle zu flüchten, an welcher vergnüglichen Theil zu nehmen meiner Lust, Fähigkeit und Willen überlassen war." (Tag- und Jahreshefte auf das Jahr 1815)

Die Faszination, Bewunderung und Achtung von Goethe, was die Figur des Hafis anbetrifft, bezieht sich auf dessen Frömmigkeit, auf seine Lebens- und Liebeskraft, auf den Sinnesgenuß und die Meisterschaft der Poesie. Und wahrlich, es gibt zahlreiche Parallelen zu Hafis, die Goethe entdeckte. Goethe vollzog daraufhin eine Identifikation mit Hafis, die den Beginn einer eigenen produktiven Auseinandersetzung darstellte.

Goethe fand bei der Textlektüre nicht nur sein Interesse an orientalischer Dichtung befriedigt, sondern, was viel stärker wirkte, er fand zugleich sich selbst wieder. Die Geistesverwandtschaft zu Hafis kam darin zum Ausdruck, daß Goethe ihn als „Zwilling" titulierte und beabsichtigte, durch Nachdichtungen mit ihm zu wetteifern.

Am 7. Juni 1814 wird in Goethes Tagebuch zum erstenmal der Divan erwähnt. „Diktiert. Bei der Schafschur. Mittags zusammen. Nachmittag die Weisen und die Leut diktiert. Hafis Divan. Spazieren gefahren. Staffette zurück von Göttingen. An Kirms geschrieben."

Im selben Monat, genau am 24. Juni 1814, entstand Goethes erstes Gedicht für den Divan, „Erschaffen und Beleben".

Am 25. Juli 1814 brach Goethe von Weimar zu

einem Kuraufenthalt nach Wiesbaden auf. Die Reise nach Westen in seine Heimat stellte eine wichtige produktive Phase für den Divan dar. Während der Reise selbst schrieb er ein Gedicht nach dem anderen, aber auch der Aufenthalt in Wiesbaden in den Sommermonaten war mit der Arbeit am Divan verbunden. Bereits in dieser Zeit entstanden die ersten Liebesgedichte zum „Buch Suleika", das zum zentralen Angelpunkt des Werkes werden sollte.

Im August hatte Goethe bereits 30 Gedichte fertiggestellt. Am 4. August schließlich erfolgte die erste flüchtige Begegnung mit Marianne Jung, der späteren Marianne von Willemer; am 18. September gab es eine weitere Begegnung in der Gerbermühle bei Frankfurt, dann nach der Heirat von Jakob von Willemer mit Marianne (27.9.1814) am 14. Oktober einen weiteren Besuch, bevor Goethe am 20. Oktober wieder nach Weimar zurückkreiste.

Gegen Ende des Jahres 1814 hatte Goethes Divan schon klare Konturen gefunden. Am 14. Dezember waren bereits „50 Nummern" erstellt, der Titel sollte „Deutscher Divan" lauten.

Neben der Produktion eigener Texte spielte auch weiterhin die Auseinandersetzung mit orientalischer Literatur eine wichtige Rolle. Am Freitag, dem 23. Dezember 1814, bearbeitete Goethe beispielsweise die deutsche Prosaübersetzung einer persischen Volksballade; der Dezember wurde für Goethe, was den Divan anbetraf, eine erfolgreiche Phase. Es entstanden die Gedichte „Hegire" und „Gute Nacht", die Pro- und Epilog werden sollten. 47 Gedichte wurden bis zum Ende des Jahres fertiggestellt.

Aus der systematischen Beschäftigung mit dem Orient entwickelten sich auch Goethes „Noten und Abhandlungen", die in den Jahren 1816 bis 1818 entstanden und als zweiter Teil des Divan angesehen werden können.

Eine neue Dimension erreichte Goethes Arbeit am Divan im Folgejahr 1815. Am 24. Mai erfolgte ein Aufbruch von Weimar zu einem wiederholten Kur-

aufenthalt in Wiesbaden. Die Reise und der Aufenthalt wurden von Goethe genutzt, um die Arbeit am Divan fortzusetzen. Etwa 100 Gedichte waren bereits fertiggestellt, deutlich war von Goethe die Polarität zwischen Hatem, dem personifizierten Dichter-Ich, und Suleika, der literarischen Liebespartnerin, herausmodelliert.

In Wiesbaden gab es für Goethe zahlreiche Abwechslungen, so unternahm er eine Reise nach Köln, er traf sich mit Freunden und Bekannten, und, er traf am 12. August in der Gerbermühle die Willemers. Hierüber vermerkte Marianne von Willemer: „Er führte einen starken Wein mit sich, von dem er um 10 Uhr zum zweiten Frühstück aus einem mitgebrachten silbernen Becher trank. (…) den Mittag erschien er, auch wenn kein Besuch da war, im Frack; nachmittags liebte er gemeinsame Spaziergänge, besonders in den Wald, wo er voll Lust und Leben und sehr mitteilend war. Er führte immer ein großes Taschenmesser bei sich, womit er Zweige abschnitt, oder aus dem Boden ausstach, was ihm auffiel. Auf Anziehendes im Tier- und Pflanzenreiche machte er gern aufmerksam, besonders auch auf Licht- und Farbenerscheinungen, den Lichtschein um Bäume, die blauen Schatten, die Farben beim Sonnenuntergang." Goethe hatte Marianne von Willemer ein Geschenk mitgebracht, den Divan von Hafis, der nicht ohne Wirkung auf die Frau und ihre Beziehung zu Goethe blieb.

Das Vorlesen des Divans durch Goethe hatte gewaltige Folgen, für Goethe selbst, für Marianne von Willemer, aber auch für den Divan.

Goethes Geburtstag am Montag, dem 28. August 1814, stand, wie könnte es anders sein, im Zeichen des Divans. Die Frauen, Marianne und Rosette Städel, „hatten einen Turban von dem feinsten indischen Musselin, mit einer Lorbeerkrone umkränzt, auf zwei Körbe voll der schönsten Früchte, Ananas, Melone, Pfirsich, Feigen und Trauben – dann einen voll der schönsten Blumen gelegt, dazu

hatte die Städel die Aussicht aus Goethes Fenster auf die Stadt Frankfurt artig gezeichnet, und die Willemer ein schönes Kränzchen von feinen Feld-Blümchen aufgeklebt, zu beiden waren passenmde Verse aus dem Hafis geschrieben."

Dann begann die Zusammenarbeit zwischen Goethe und Marianne von Willemer am Divan.

Marianne befaßte sich so intensiv mit dem geschenkten Hafis-Divan, daß die Konversation mit Goethe sich in die Rollen Suleika und Hatem verwandelte. Es entwickelte sich eine eigene Bildsprache zwischen den beiden. Die Erfindung von Chiffren trug zu einer literarischen Konversation bei, bei der sich Mariannes Texte in den Divan-Stil und Goethes Stil einfügten.

Am 12. September 1815 erhielt Marianne von Willemer das erste Gedicht, das Goethe unmittelbar an sie richtete („Hatem").

Nur wenige Tage später kam die poetische Antwort von Marianne von Willemer („Suleika").

Damit ist der Beginn eines poetischen Dialoges gekennzeichnet, der besonders in Chiffren-Gedichten seinen individuell gefärbten Ausdruck fand.

Hierüber schrieb Goethe in seinen „Noten und Abhandlungen": „Um aber zu unserem eigentlichen Zweck zu gelangen, erinnern wir an eine, zwar wohlbekannte, aber doch immer geheimnißvolle Weise, sich in Chiffern mitzuteilen; wenn nämlich zwei Personen, die ein Buch verabreden und, indem sie Seiten- und Zeilenzahl zu einem Briefe verbinden, gewiß sind, daß der Empfänger mit geringem Bemühen den Sinn zusammenfinden werde.

Das Lied, welches wir mit der Rubrik Chiffer bezeichnen, will auf eine solche Verabredung hindeuten. Liebende werden einig Hafisens Gedichte zum Werkzeug ihres Gefühlwechsels zu legen; sie bezeichnen Seite und Zeile die ihren gegenwärtigen Zustand ausdrückt, und so entstehen zusammengeschriebene Lieder vom schönsten Ausdruck; herrliche zerstreute Stellen des unschätzbaren Dichters werden

durch Leidenschaft und Gefühl verbunden, Neigung und Wahl verleihen dem Ganzen ein inneres Leben, und die Entfernten finden ein tröstliches Ergeben, indem sie ihre Trauer mit Perlen seiner Werte schmücken."

Goethes „West-östlicher Divan" gliedert sich in insgesamt 12 Bücher. Dabei ist das „Buch Suleika" der umfangreichste Teil, der besonders im Spätsommer des Jahres 1815 entstand. Im Mittelpunkt steht ein Paar, Hatem und Suleika, das Liebesgespräche führt, dabei verkleidet in östliche Bilder und Formeln. Von Turbanen, vom Sichelmond und von Zypressen, von Wimpernpfeilen und Lockenschlangen ist die Rede. Charakteristisch neben einer Vermischung von westlichen und östlichen Motiven sind Polarität und Wechselseitigkeit, Jugend und Alter, Chiffrierung und offenes Bekenntnis, Privatheit und Öffentlichkeit, Trennung und Vereinigung, Einssein und Doppeltsein.

In diesen Teil der Divan-Genese gehört auch das von Goethe verfaßte Gedicht „Ginkgo biloba".

Mehrfach gab es im September Berührungen zwischen Goethe und Marianne mit dem Ginkgoblatt. Sie erhielt von ihm eines in Frankfurt, im Heidelberger Schloßgarten machte Goethe seine „ Suleika" auf einen Ginkgobaum aufmerksam. Und schließlich entstand in jenen Tagen das Gedicht, das den Ginkgobaum berühmt machen sollte, das aber auch zum Syymbol für die Beziehung zwischen Goethe und Marianne von Willemer wurde und das wohl zum bekanntesten Gedicht des „West-östlichen Divans" wurde.

„Die Einheit in der Doppelheit symbolisieren Sonne und Mond des türkischen Wappens, vor allem jedoch das Blatt des 'Ginkgo biloba', das, scheinbar in zwei gespalten doch nur ein einziges ist und dem Dichter so zum Bild für seinen Dialog mit Suleika werden kann. In solchen Stilisierungen repräsentieren Hatem und Suleika das Typische und Gesetzmäßige der Liebe 'musterhaft in Freud und Qual'."

(Kindlers Neues Literaturlexikon, Bd. 6, S. 526)

Im Herbst des Jahres 1815 erfolgte eine Ordnung der Divan-Gedichtsammlung durch Goethe, obwohl damit ein Abschluß des Werkes noch nicht vollzogen war. Vor allem die „Noten und Abhandlungen" wurden erweitert. Das letzte Gedicht, „Höheres und Höchstes", wurde erst am 23. September 1818 fertiggestellt. Dann begann bei Fromanns in Jena die Herstellung des Drucks.

Am 22. August 1819 war Goethe in der Lage, die uneingebundenen Druckbögen zu den Willemers nach Frankfurt zu schicken. Jakob von Willemer bedankte sich freundlich für die „Festgedichte", die ihm ein „erfreuliches Geschenk" waren. Marianne von Willemer antwortete Goethe einige Tage später: „Das Buch der Bücher soll ja schon einigen Erwählten sichtbar geworden sein, und zwar in vollendeter Gestalt; also bald, recht bald wird sich uns der Osten mit allem Glanze des Blüten- und Farbenschmuckes aufschließen, ich kann es kaum erwarten." (28. August 1819)

Nach dem Erscheinen des „West-östlichen Divan" im Jahr 1819 blieb die Resonanz auf dieses Werk sehr zurückhaltend.

Adolf Möhner sprach von einem der wunderlichsten Bücher, die Goethe jemals geschrieben habe, es sei ein Rätsel ohne Schlüssel, der „West-östliche Divan" sei nicht nach seinem Geschmack.

Christian Dietrich Grabbe ordnete den Divan gar den „faulen Heringen" zu.

Der „West-östliche Divan" hatte in biographischer Hinsicht eine wichtige Bedeutung für Goethe selbst. Die literarische Flucht in die Welt des Ostens, Persiens, führte bei Goethe zu einer geistigen und physischen Verjüngung, zu einer „wiederholten Pubertät". Diese setzte neue schöpferische Kräfte frei und veranlaßte ihn auch 1814 und 1815 zu seinen Reisen in den Main-Rhein-Neckar-Raum.

In diesem Zusammenhang bilden der Ginkgobaum mit seinem eigenartigen Blatt und das für Marianne

von Willemer verfaßte Gedicht „Ginkgo biloba" eine Art Gelenkstelle und sie werden zur Metapher einer neuen Lebens- und Liebeserfahrung.

„Nord und West und Süd zersplittern,
Throne bersten, Reiche zittern,
Flüchte du, im reinen Osten
Patriarchenluft zu kosten,
Unter Lieben, Trinken, Singen
Soll dich Chisers Quell verjüngen.(...)"

„Seit den dreißiger Jahren wird Ginkgo auch in der Homöopathie eingesetzt, …"

„In der chinesischen Medizin spielt die Heilkraft des Ginkgo seit Jahrtausenden eine wichtige Rolle."

Ginkgo als Heilmittel

D er Ginkgobaum ist nicht nur botanisch und ästhetisch von Interesse, er hat auch noch etwas anderes zu bieten: nämlich eine heilende Wirkung.

Nach seiner Einführung in Europa fand Ginkgo lange Zeit keine Beachtung in der Medizin, obwohl er in China zu den bedeutenden Heilpflanzen gehört. In Deutschland wurde in manchen Pharmaziebüchern lediglich auf die verdauungsfördernde Wirkung der Ginkgosamen hingewiesen, die schon der Ginkgoentdecker Engelbert Kaempfer beschrieben hatte. In das allgemeine Interesse rückte der Ginkgobaum erst, als bekannt wurde, daß in Hiroshima ein Ginkgobaum, der in der Nähe vom Zentrum der Atombombenexplosion stand, im darauffolgenden Frühling 1946 neues, frisches Grün aus dem alten Wurzelstock trieb. Er wurde als ein Symbol der Unbesiegbarkeit, der Hoffnung gedeutet. Dies war auch der Anlaß, sich in der Medizin mit dem Ginkgo zu beschäftigen.

In Europa begann um 1970 eine Entwicklung, die den Ginkgo über den Kreis der Botaniker und kulturgeschichtlich Interessierter hinaus bekannt machte. Ursache war die Entdeckung der Heilkräfte in den Blättern des Ginkgobaumes. Angeregt durch japanische Untersuchungen, in denen die Wirkungen von Ginkgosamen und -blättern auf Zellkulturen untersucht wurden, begann man in den Laboratorien der Arzneimittelfirma Dr. Willmar Schwabe in den sechziger Jahren mit Trockenextrakten zu experimentieren. Dabei wurde die durchblutungsfördernde Ei-

genschaft der Ginkgoblattextrakte festgestellt. Der erste Ginkgoextrakt wurde 1965 registriert. Mittlerweile ist der Ginkgo zu einer bedeutsamen Arznei in der modernen Pflanzenheilkunde geworden.

Im Rahmen eines Wertewandels, in dem die „Mutter Natur" immer weniger als Bedrohung und immer mehr als schutz- und erhaltungswürdige Zukunftsressource verstanden wird, hat sich das kulturelle Verhältnis zu Gesundheit und Krankheit mehr als jemals zuvor zu einem von Selbstbestimmung und Selbstverantwortlichkeit geprägten Lebensbereich entwickelt. Revolutionäre wissenschaftliche und technische Fortschritte, die freie Zugänglichkeit medizinischer Informationen und Leistungen, aber auch der von den Massenmedien oft vermittelte Schein der Omnipotenz steigerten die Sensibilität gegenüber nicht erfüllten oder nicht erfüllbaren Erwartungen und förderten die Zuwendung zu alternativen Heilkonzepten.

In der chinesischen Medizin spielt die Heilkraft des Ginkgo seit Jahrtausenden eine wichtige Rolle.

Die Tradition der traditionellen chinesischen Medizin reicht Jahrtausende zurück. Dabei handelt es sich um ein umfassendes System, das den Menschen in seinen Bezügen zur Natur und zum Kosmos sieht. Grundlegend ist die Vorstellung, daß Makro- und Mikrokosmos durch Energieströme verbunden sind. Auch der Mensch ist demzufolge nur gesund, wenn die Lebensenergie in seinem Körper ungehemmt fließen kann. Dazu müssen die unterschiedlichen Polen zugeordneten Kräfte Yin und Yang im Gleichgewicht sein. Den Yin- und Yang-Kräften werden Gegensätze, z.B. weiblich/männlich, Ruhe/Bewegung, zugeordnet, die in Wahrheit nicht gegensätzlich sind, sondern voneinander abhängen und sich ergänzen. Bei den verschiedenen Methoden, das Gleichgewicht von Yin und Yang herzustellen, hat die Pflanzenheilkunde eine besondere Bedeutung. In der traditionellen chinesischen Medizin werden die Samen bevorzugt.

In der chinesischen Volksmedizin wurden die Ginkgoblätter seit jeher bevorzugt eingesetzt: als Tee gegen Husten, Lungentuberkulose, Scheidenfluß, erhöhte Blutfettwerte, gekocht und zu Brei verarbeitet gegen Frostbeulen oder zur äußerlichen Anwendung als Wundpflaster.

Während die chinesische Volksmedizin Ginkgoblätter zur Bereitung von Heiltees und Wundpflastern einsetzt, konnte im Westen bislang kein Nachweis für deren arzneiliche Wirksamkeit erbracht werden, sondern nur für die heilende Wirkung der Ginkgoblatt-Extrakte.

Als das Handbuch der Barfuß-Medizin (Chen Noung Pen T'sao) nach dem Zweiten Weltkrieg ins Englische übersetzt wurde, erkannte man auch in Europa die Bedeutung des Ginkgobaums als Heilpflanze. Im Markt hirnleistungssteigernder (nootroper) Psychopharmaka haben sich Ginkgoextrakte heute einen Anteil von 30% erobert. Obwohl das asiatisch-exotische Flair, der rituelle Charakter der Zubereitung und Einnahme und die mit Naturheilmitteln fälschlicherweise assoziierte Nebenwirkungsfreiheit die eigentliche Attraktivität des Ginkgo ausmachen,

gelingt es der naturwissenschaftlich-rational geprägten Schulmedizin zunehmend, Inhaltsstoffe zu isolieren und pharmakologische Wirkungen zu belegen und zu erklären.

Seit den dreißiger Jahren wird Ginkgo auch in der Homöopathie eingesetzt, einer Heilmethode, die auf den deutschen Arzt Samuel Hahnemann (1755-1843) zurückgeht. Das Grundprinzip dieser Heilmethode lautet „Ähnliches mit Ähnlichem heilen". Dabei wird aus den frischen Blättern des Ginkgos eine Urtinktur hergestellt, aus der man durch Prozentuieren die verschiedenen Verdünnungen erhält.

Die Anwendungsgebiete von Ginkgopräparaten sind breit gefächert. Im Vordergrund der Medikation stehen Hirnleistungsschwächen, die sich in vielfältiger Form, als Hemmung des Antriebs ebenso wie in Agitiertheit, Orientierungsverlust, Verwirrtheit und Schwindel, Nachlassen von Wachheit, Konzentration, intellektuellen Fähigkeiten und Gedächtnis oder in Depressionen und Schlafstörungen präsentieren können. Das Krankheitsbild wurde früher wenig selektiv als „hirnorganisches Psychosyndrom" bezeichnet, obwohl die ursächlichen Faktoren ebenso heterogen sein können. Sie reichen von physiologischen Alterungsveränderungen bis zu Migräne und Formen der Frühdemenz (z.B. M. Alzheimer), Hirnschäden nach Schädeltraumen, Gehirntumoren und Operationen, Sauerstoffunterversorgung des Gehirns, reduzierter Hirndurchblutung oder Änderungen im Nervenzellstoffwechsel, altersbedingter Netzhautdegeneration und Innenohrschäden (Tinnitus, Presbyakusis). Dieser Anwendungsbereich führte zur Einordnung der Ginkgopräparate in die Arzneimittelgruppe der Nootropika und Geriatrika.

Der zweitwichtigste Anwendungsbereich umfaßt periphere Durchblutungsstörungen, d.h. Störung der Blutversorgung in Armen und Beinen, meist assoziiert mit Arteriosklerose oder Zuckerkrankheit (Diabetes mellitus). Bekannte Erscheinungsformen sind

die periphere arterielle Verschlußkrankheit der Bein-
extremitäten, auch als „Schaufensterkrankheit" bezeichnet, da viele Patienten die schmerzbedingten
Gehpausen in der Stadt zum unfreiwilligen Betrachten der Auslagen nutzen. Durch Sauerstoffmangel
provozierte Wundschmerzen werden gemindert.

Entzündungshemmende antibakterizide Wirkungen
sind vermutlich Folge einer Verbesserung der Durch-
blutung und der antidiabetischen Wirkung von
Ginkgoprodukten, die über die Aufnahme als Nah-
rungsmittel, nach Resorption im Darm, Leber-
stoffwechsel und Verteilung auf dem arteriellen Blut-
weg ihren Wirkungsort erreichen. In China werden
Ginkgoblätter jedoch auch als Wundpflaster im lo-
kalen Entzündungsbereich eingesetzt.

Eine weitere Anwendung finden Preßsäfte aus den
braunen Samenkörnern (Ginkgonüsse) bei der Behandlung von Asthma und Husten.

Die arzneiliche Verwendung gründet sich wesent-
lich auf zwei Stoffgruppen, die aus Ginkgoblättern
mit alkoholischen Lösungsmitteln extrahiert werden
konnten: Flavonoide und Terpenoide. Zu den letzte-
ren zählen das Sesquiterpen Bilobalid und die
Ginkgolide, Substanzen, die bisher ausschließlich
in Ginkgopflanzen nachgewiesen wurden. Für die
synthetische Herstellung der Ginkgolide wurde der
Amerikaner E. J. Corey 1990 mit dem Nobelpreis
für Chemie ausgezeichnet. Wie alle pflanzlichen
Arzneistoffe enthalten auch Ginkgopräparate
Begleitsubstanzen, das sind Stoffe, die separat nicht
wirksam sind, aber im Zusammenspiel mit den
nachgewiesenen Wirkstoffen einen therapeutischen
Gesamtbeitrag leisten können.

Die pharmakologischen Wirkungen stehen in Zusammenhang mit folgenden Mechanismen:

1. Inaktivierung freier toxischer Sauerstoffmetabolite,
sogenannter Radikale, die von Abwehrzellen freigesetzt werden und Lipidmembranen auflösen. Diese
Radikale werden vor allem bei Wiederdurchblutung
eines zuvor verschlossenen Gefäßes gebildet, spie-

len aber auch bei M. Alzheimer, Strahlenschäden, Diabetes mellitus und der altersbedingten Maculadegeneration, einer Sehschwäche, eine wichtige Rolle. Ein ähnlicher Effekt ist auch für zahlreiche Vitamine nachgewiesen.

2. Hemmung eines Gerinnungsfaktors, des Plättchen-aktivierenden-Faktors (PAF), und Steigerung der Flexibilität der Membranstrukturen von roten und weißen Blutkörperchen, in Folge Verbesserung der Fließeigenschaften des Blutes im arteriellen und venösen System. Dieser Effekt dürfte auch bei der Blockade von Asthmaattacken von Bedeutung sein, da PAF bronchokonstriktorisch wirkt.

3. Steigerung der Toleranz des Nervengewebes gegenüber Sauerstoffmangel, gesteigerte Rückbildung der unter Sauerstoffmangel entstehenden

Zellschwellung (Ödem), eventuell vermittelt über eine gesteigerte Expression von Muscarinrezeptoren an den Kommunikationsstellen (Synapsen) der Hirnnervenzellen. Neurotransmitter wie Dopamin, Adrenalin und Noradrenalin werden gesteigert gebildet und freigesetzt. Membranen der Blut-Liquorschranke werden stabilisiert.

4. Eine entspannende Wirkung auf die kleinen arteriellen Blutgefäße wird diskutiert. Während zahlreiche gefäßerweiternde Medikamente ein sogenanntes „Steal"-Phänomen auslösen, was dazu führt, daß im Weg des geringsten Widerstands bereits perfundierte Gewebeareale noch stärker durchblutet werden und so dem unterversorgten Gewebe Blut entziehen und den Schaden vergrößern, scheint Ginkgo gerade in den geschädigten Arealen besonders gefäßerweiternd zu wirken.

Unerwünschte Wirkungen sind selten. In Einzelfällen werden Kopfschmerzen, Schwindel und allergische Hautreaktionen als Nebeneffekte beschrieben. Die Ginkgolsäure in der Außenschicht der Ginkgosamen wirkt stark hautreizend. Die in Ginkgoextrakturen enthaltenen Tanninbitterstoffe können Durchfall, Übelkeit und Erbrechen verursachen. Kontraindikationen sind nicht bekannt. Heparinwirkungen dürften verstärkt werden. Die Interaktionen mit anderen Psychopharmaka sind noch

unzureichend untersucht. Ginkgoprodukte enthalten Östrogene, können jedoch in den ärztlich verordneten Dosierungen auch in der Schwangerschaft ohne Bedenken angewendet werden.

Die Dosisempfehlungen sind abhängig von der Konzentration der Flavonoide und Terpenoide in den Preßsäften, aus denen wiederum Lösungen und Dragees für die orale Einnahme, Tinkturen für äußerliche Anwendungen und Injektionen hergestellt werden. Pharmakokinetische Studien belegen Halbwertszeiten der Einzelkomponenten zwischen 5 und 11 Stunden, so daß nach Erreichen der Wirkspiegel die Empfehlung gegeben wird, die Erhaltungsdosis auf zwei Einnahmen täglich zu verteilen. Da sich Ginkgopräparate je nach Herkunft, Anbau- und Erntemethode, Extraktionsverfahren und Galenik in ihrer stofflichen Zusammensetzung unterscheiden, werden für Tierversuche und klinische Studien standardisierte Spezialextrakte verwendet (EGb 761 und LI 1370). In Hirnleistungstests konnte nachgewiesen werden, daß Einzelwirkungen wie verbesserte Gedächtnisleistungen bereits eine Stunde nach Einnahme eines Ginkgoextrakts sichtbar sind. Zufallsstrukturierte (randomisierte) Doppelblindstudien, bei denen weder der Untersuchte noch der Untersucher während des Tests weiß, ob die Versuchsperson der Ginkgo-Gruppe oder der Alternativmedikamentgruppe angehört und die in mehreren Zentren parallel durchgeführt werden, dokumentieren die Wirksamkeit der Gingkopräparate immer deutlicher. Trotzdem und gerade weil bei den oben genannten Krankheitsbildern die Schulmedizin andere schneller oder stärker wirkende Medikamente anbietet, sollte Ginkgopräparaten zum gegenwärtigen Zeitpunkt allenfalls der Status eines ergänzenden Additivums in einem umfassenderen Therapiekonzept zukommen. Der Nachweis der Wirksamkeit ist bei Pflanzenheilmitteln nicht so leicht zu führen wie bei synthetischen Arzneimitteln. Pflanzliche Mittel haben oftmals eine sehr milde Wirkung, die häufig

erst nach längerer Zeit eintritt. Auch kommen Ginkgopräparate zum Einsatz bei chronischen Krankheiten und Beschwerden, die langsam entstanden sind und mehrere Ursachen haben können, so daß die Behandlung Zeit braucht und im Rahmen eines „therapeutischen Gesamtkonzeptes" erfolgen muß. Im übrigen gilt wie immer der Satz der empirischen Medizin: Wer heilt, hat recht.

„Die Verwendung von
Ginkgoblättern und -samen für die
Schönheitspflege hat
in Asien eine lange Tradition."

„Samenanlagen zur Herstellung von Waschmittel und Seife..."

Der Ginkgo als Nutzpflanze

Neben der medizinischen Verwendbarkeit des Ginkgos kann der Mensch Ginkgoblätter und Ginkgosamen auch anderweitig nutzen. Früher hat man in China die kostbaren Blätter als Zahlungsmittel eingesetzt. Auch dienten die Blätter zur Insektenabwehr. Sie wurden zwischen die einzelnen Buchseiten gelegt und sollten die Bücher so vor Schädlingsfraß schützen.

Das Holz des Ginkgobaumes wird in Asien sehr geschätzt. Ginkgoholz ist ein helles, recht hartes, fein gemustertes Holz. Gegen Schädlinge ist Ginkgoholz sehr unempfindlich. Deshalb wird es zu allen Gegenständen verarbeitet, bei denen diese Eigenschaft von Vorteil ist. Es eignet sich als Bauholz, zur Herstellung von Möbeln, aber auch Kunstgegenständen wie Schnitzarbeiten, Skulpturen und Lackarbeiten. Bevorzugt wird Ginkgoholz in Buddhistischen Tempeln eingesetzt.

Den Ginkgobäumen wird nachgesagt, daß sie Gebäude vor Feuer und Unheil bewahren, weshalb die Bäume häufig in der Nähe von Tempeln und Wohnhäusern stehen. Diese Eigenschaft läßt sich auf die wasserdichte und hitzebeständige Borke zurückführen, die teilweise in der Korkfabrikation genutzt wird. Auch die Samenanlagen finden vielfache Verwendung. So hat man früher in China die Samenanlagen zerstoßen und zur Herstellung von Waschmittel und Seife verwendet. Der sehr stärkehaltige Samenkern, auch Ginkgo-Nuß, „pakewo" oder „baiguo" (= weiße Frucht) genannt, ist sowohl roh als auch in gerösteter Form sehr schmackhaft und beliebte Zutat der südostasiatischen Küche. Mit einem

hohen Stärkegehalt (63 %), einem beachtlichen Eiweißgehalt (13 %) und niedrigem Fettgehalt (3%) sind die Samenkerne zudem nahrhaft und verdauungsfördernd. Der Geschmack der gerösteten Samenkerne ist pistazienähnlich, erinnert entfernt auch an Kartoffeln oder geröstete Kastanien. Allerdings soll der Verzehr der Samenkerne auch abführend wirken. Gefärbt sind diese Embryonen bei verschiedenen Volksfesten von ritueller Bedeutung.

Hinweise auf die Samenanlage finden sich bereits in chinesischen Kräuterbüchern des 14. Jahrhunderts. In ihnen wird vor übermäßigem Verzehr der gekochten Samen gewarnt, da sie, insbesondere für Kinder, eine leichte Giftwirkung hätten. Heute ist bekannt, daß die leicht toxische Wirkung der Samenanlagen durch 4' Methoxypyridoxin hervorgerufen wird.

Die fleischige Samenanlage wird nicht nur in der Volksmedizin, z. B. bei Husten, Asthma und gegen Würmer eingesetzt, aufgrund ihres hohen Gerbsäureanteils findet sie zudem in der Lederverarbeitung Verwendung.

Die Verwendung von Ginkgoblättern und -samen für

die Schönheitspflege hat in Asien eine lange Tradition. Auch in Deutschland werden inzwischen viele Kosmetikartikel mit Ginkgoblattextrakten verkauft. Diese Extrakte wirken vitalisierend, kräftigend und durchblutungsfördernd auf die Haut. Zudem regulieren sie deren Fett- und Feuchtigkeitsgehalt. Kosmetik-produkte mit Ginkgoblattextrakten eignen sich beson-ders gut für die Pflege alternder, müder, strapazierter Haut und von kraftlosem, glanzlosem Haar. Trotzdem hat der Ginkgo als Nutzpflanze keine große Bedeutung.

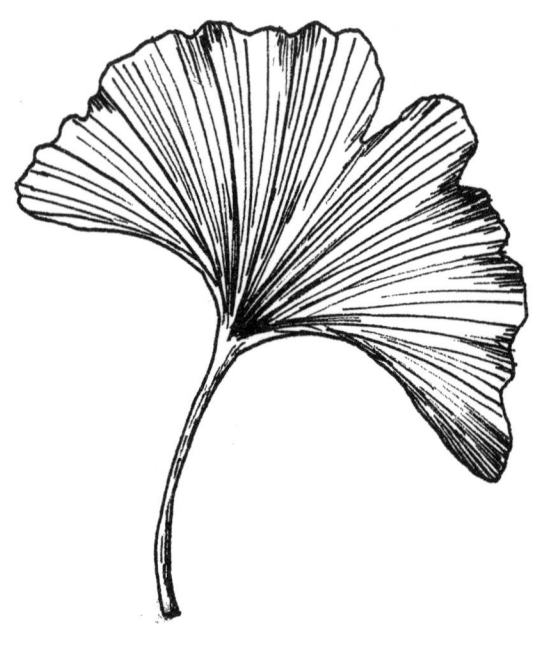

„Dieser Baum, dessen Entfalten
in zwei Wesenheiten führt,
ist in dir und mir enthalten,
selbst, wenn du es nicht verspürst."

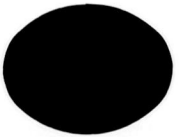

„Der Wind treibt die Blätter in meine Hand und mischt sich in den Gesang deiner Stille"

Das Ginkgoblatt als Motiv in Kunst und Literatur

Das Blatt des Ginkgobaumes hat auch eine ästhetische Qualität, die die Kunst und ganz besonders das Kunsthandwerk für sich entdeckte.

In Japan, der ursprünglichen Heimat des Baumes, finden sich Gingko-Motive in zahlreichen Kunstwerken wieder. Auch kunstgewerbliche Arbeiten bedienen und bedienten sich des Blattmusters. In der japanischen Kleinkunst des 17. bis 19. Jahrhunderts war das Ginkgoblatt ein beliebtes Motiv zur dekorativen Gestaltung, für Schwertschmuck, bei Handspiegeln und im Bereich der Keramik. Im 19. und 20. Jahrhundert wurden auch Textilien mit Gingko-Motiven bedruckt, beispielsweise Kimonos.

Mit der Entdeckung des Ostens im sogenannten „Japonismus" des 19. Jahrhunderts und zur Zeit des Jugendstils gelangte das Ginkgoblatt-Motiv auch nach Europa und wurde in unterschiedlichsten Bereichen des Kunsthandwerks aufgegriffen. Ein räumlicher Schwerpunkt war dabei Frankreich und dort besonders die Stadt Nancy. Vom Bildhauer Maurice Dufrène (1876-1955) etwa stammt eine 1899 entworfene Vase mit vier Ginkgoblättern. In Nancy als ein Zentrum des „Art Noveau" wirkte auch Emile Gallé (1846-1904), der Kontakte auch zu Weimar hatte und sich mit dem Ginkgo beschäftigte. Im Bereich der Architektur finden sich in Nancy Ginkgo-Motive als Dekorationselemente an Hausfassaden wieder. Der Glasmaler Jaques Gruber erstellte Verglasungen mit Ginkgo-Motiven, im Bereich des Schmucks wurden Halsketten und Broschen, Hutnadeln und

Haarschmuck mit dem Blatt des Ginkgobaumes künstlerisch gestaltet. Während in Frankreich das Ginkgo-Motiv vor allem naturalistisch verarbeitet wurde, fand im deutschen Jugendstil eine stärkere Stilisierung statt. In Deutschland wurde das Ginkgo-Motiv noch bedeutender als in Frankreich. Schmuck und Gebrauchsgegenstände wie Fruchtschalen, Vasen, Becher und Kannen wurden mit Ginkgoblatt-Motiven ornamental gestaltet. Besonders in Thüringen und Sachsen spielte das Ginkgo-Motiv über den Jugendstil hinaus weiter eine wichtige Rolle. Dieses Weiterleben hängt auch mit der Stadt Weimar zusammen. Denn das Ginkgoblatt entwickelte sich, ausgehend von Goethes „Ginkgo-biloba-Gedicht" und seiner Liebe zu Marianne von Willemer, zunehmend zu einem Souvenir und Kultgegenstand für Goethe-Verehrer.

Dabei wurde der „West-östliche Divan" mit dem Gedicht gleichgesetzt und das Blatt des Ginkgobaumes zum Erkennungszeichen für Goethe-Freunde.

„Inzwischen ist das Gedicht „Ginkgo biloba" zum Symbol für den gesamten Gedichtzyklus, fast schon für die Poesie Goethes geworden. Der von Goethe initiierte zeitgenössische Kult mit überreichten Blättern und Abschriften des Gedichts setzt sich heute vielfältig in Kunst, Kunstgewerbe, Musik und Literatur fort; besonders anschaulich ist er in Weimarer Schmuckläden zu besichtigen. Allein und in graphischer Verbindung mit dem Gedicht ist das Ginkgo-Blatt zu einem kulturell vielfach präsenten Motiv und für Goethekenner zum Symbol geworden." (Metzler Goethe Lexikon, S. 180)

So heben auch die Reiseführer, die es über Weimar gibt, das Ginkgoblatt als „weimartypisches Souvenir" hervor. In Baedekers Reiseführer ist über Weimar und das Ginkgoblatt zu lesen: „Eine Besonderheit von Weimar ist Schmuck in Form von Ginkgoblättern, meist Broschen, die die zweilappige Form der Blätter des Ginkgobaums (Ginkgo biloba)

haben. Zu kaufen gibt es diese aparten Schmuck-
stücke bei Goldschmieden und in Juweliergeschäf-
ten." (S. 188)

Die Auseinandersetzung mit dem Ginkgoblatt umfaßte auch, angeregt vor allem durch Goethes Gedicht im West-östlichen Divan, den literarischen
Bereich.

Dabei ist das Goethe-Gedicht der Ausgangspunkt
einer literarischen Rezeption, die besonders in An-
betracht einer wachsenden Goethe-Verehrung zu
sehen ist.

Am Anfang der literarischen Rezeption steht das
Gedicht „Die beiden Ginkgoblätter" von Otto Crusius.
Es folgen zahlreiche lyrische Auseinandersetzungen
mit dem Ginkgobaum und -blatt, die bekannteste
stammt wohl von Peter Härtling und trägt den Titel
„An den Ginkgo vor der Tür".

GINKGO - GEDICHTE
von
Wilhelm Pilgram

GOETHES GINKGOBAUM

Dieser Baum, dessen Entfalten
in zwei Wesenheiten führt,
ist in dir und mir enthalten,
selbst, wenn du es nicht verspürt.

In Jahrtausenden des Lebens
schufen Nadeln Herz und Blatt.
Wandel wirkt nicht mehr vergebens,
wo ein Ziel der Wechsel hat.

Liebe grüßt den Sonnenaufgang,
Ferne hält die Sehnsucht wach,
neben deinem großen Anfang
wirken meine Stunden schwach!

(Aus Gespräche mit Goethe, Teil II)

GOETHES GINKGOBAUM IN WEIMAR

Baum, lieber,
unter dir stehend
gedenk ich der Kraft
deiner Jahre.

Der Wind treibt
die Blätter
in meine Hand
und mischt sich
in den Gesang
deiner Stille.

Du bist der Baum,
den ich ehre!
Ich nenne dich: Bruder!

(Herbst 1997)

HERBSTLICHER GINKGO

Freund aus Fernost,
du trägst deine Post
den Liebenden zu,
bist Feuer und Ruh!

Im Doppelgesicht
die Sonne sich bricht,
gezügelte Scham,
die über dich kam.

Die Jahre im Wind
und Weisheit im Kind
stehst du nie allein:
EIN Leben zu ZWEIN!

(Herbst 1997)

Aber auch in der Epik gibt es eine Ginkgo biloba-Rezeption. Von Hans Franck stammt der Roman „Marianne"; dabei geht es um Goethe und seine Begegnung mit Marianne von Willemer.

In diesen Kontext gehört auch ein kleiner Aufsatz, in dem der Versuch einer Erklärung vorgenommen wird, wie der Ginkgobaum nach Bad Waldliesborn in Westfalen kam. Der Text stammt von Gert Ullrich.

Die fremden Bäume im Park

Wie der Ginkgo biloba nach Bad Waldliesborn kam

Viele tausend Kilometer von hier, fern im Osten, wo die Menschen schwarze Zöpfe tragen und zu einem Gott namens Buddha beten und wo sie zur Abwehr böser Feinde eine Riesenmauer an ihres Reiches Grenzen zogen, da lebte eine Vogelfamilie. Sie hatte ihr Nest in den alten Bäumen des kaiserlichen Palastgartens. Eines der Vogelkinder, das vorwitzigste von allen, packte eines Tages das Fernweh. „Ich will nicht immer nur durch den Palastgarten und um die Pagode fliegen", maulte es. „Ich möchte einmal dort hin, wo unsere liebe Sonne des Abends untergeht." „Das ist viel zu weit für so einen kleinen Vogel, wie du einer bist", sagte die besonnene Mutter. Das Vogelkind mit seinen hübschen bunten Federn - nennen wir es deshalb einmal Paradiesvogel - ließ sich aber nicht belehren. Es putzte vielmehr sein Gefieder und wollte am nächsten Tag die Reise nach Westen antreten. Als die Vogelmutter merkte, daß sie bei dem störrischen Kind nichts mehr ausrichten konnte, schickte sie sich drein. In aller Heimlichkeit bastelte sie aus feinen Grasfaden und harten Blättern ein Täschchen. Da hinein tat die Vogelmutter eine kleine Handvoll Baumsamen, die sie aus der Nachbarschaft ihres Nestes mit dem Schnabel pickte. Dieses Beutelchen hängte sie dem Paradiesvogel um und schickte ihn schweren Herzens mit der Ermahnung auf die Reise: „Wenn du

auf deinem Flug über lange und öde Strecken reist, über eine Wüste oder steinreiche Steppe, dann wirst du manchmal tagelang keine Nahrung finden. Nimm immer, wenn es dich hungert, ein Körnchen aus dem Blätterbeutel. Es wird dich kräftigen und dir helfen, deinen Weg zu machen."

Gesagt - getan. Die Vogelmutter sagte dem Paradiesvogel ein letztes Lebewohl, und das eigenwillige Kind machte sich auf die weite Reise. Dabei flog es immer weiter nach Westen, über hohe Berge und tiefe Täler, weite Felder und breite Ströme, über die Dächer schmucker Städte, deren goldene Zwiebelkuppeln in der Sonne glänzten, über Schornsteine und Fabriken. Dann aber, nachdem der kleine Vogel sieben Tage und sieben Wochen geflogen war, fand er sich beinahe am Ziel. Als er über einer lieblichen Ortschaft mit vielen hohen Bäumen eintraf, die ihn an den heimatlichen Park am Kaiserpalast erinnerten, sah er die rotgoldene Sonne wie einen Feuerball zum Greifen nahe, als sie hinter den Wäldern versinken wollte und das Lied der anderen Vögel allmählich verstummte. Da beschloß der Paradiesvogel aus dem fernen Land, in einem dieser

Bäume zu rasten und seine lange Reise zu been-
den. Aus dem Blattsäckchen, das die fürsorgliche
Mutter ihm mitgegeben hatte, war der Vorrat fast
aufgebraucht. Nur sieben Körnlein waren noch üb-
rig geblieben. Die versenkte der Paradiesvogel am
Rande des Parks, in dem viele Menschen geruh-
sam lustwandelten, während aus der Nähe gar lieb-
liche Musik aus einer großen Muschel erklang. Der
Paradiesvogel freundete sich an mit den vielen fremden Gesellen, die zwar von seiner Art, aber doch
bei weitem nicht so schön und prächtig waren in
ihrem Gefieder. Er fühlte sich wohl in den alten Bäumen des Parks, auch wenn ihn manchmal das
Heimweh überkam und er an seine treue Mutter im
fernen Osten dachte. Unter der Kälte in diesem Land
mußte der Paradiesvogel arg leiden. Darum schloß
er sich frohen Mutes den vielen Vögeln an, die zur
Herbstzeit über die hohen Berge und das blaue Meer
in ein fernes Land flogen, von dem seine Freunde
ihm viel Gutes erzählt hatten.

Der Winter zog ins Land. Als aber das Laub wieder
zu sprießen begann, die Frühlingsblumen einen
neuen Sommer verhießen, da geschah etwas Merk-
würdiges: Am Rande des großen Parks sprossen
aus der Erde kleine grüne Stämmchen. Sie wuch-
sen rasch, wurden größer und größer, und jeder-
mann wunderte sich über die Pracht, die die jungen
Bäume entfalteten. Sie waren nämlich von einer Art,
wie noch niemand sie hierzulande gesehen hatte,
waren weder Nadel- noch Laubbäume, sondern trugen ein feingeädertes Blatt, wie die Fächer der Frau-
en in der Heimat unseres Paradiesvogels. Bald kamen kluge Leute. Die erkannten rasch, worum es
sich handelte: um eine Seltenheit aus Fernost, die
die Botaniker „Ginkgo biloba" nennen und über die
ein kluger Mann namens Goethe einst ein wunder-
schönes Gedicht verfaßt hat. Wem aber verdankt
der freundliche Ort, von dem hier die Rede ist, diese
exotischen Absonderlichkeiten? Allein der Notration
aus dem Blätterbeutel, die der Paradiesvogel nach

seiner Ankunft im Boden versenkt hatte. Bad Waldliesborn aber rühmt sich heute zu recht seiner Ginkgo-Bäume, die das Herz der Gäste entzücken und die Botaniker erfreuen jedes Jahr, wenn sie wieder ihre seltsam gefiederten Blättergebilde aufstekken.   Gert Ullrich

„In Japan finden sich sogar Bäume,
für die man ein Lebensalter
von 4000 Jahren bestimmt hat."

„Überdauern gehört augenscheinlich zur Natur des Ginkgo"

300 Millionen Jahre Ginkgo - ein Baum überlebt

S eit dem ersten nachgewiesenen Auftauchen eines Ginkgobaumes vor ca. 300 Millionen Jahren erlebte die Erde zahlreiche Katastrophen, durch die in den Meeren ca. 80 % der Arten und auf dem Land eine große Anzahl von Pflanzen und Tieren - z.B. die Dinosaurier - ausstarben.

Der Ginkgo biloba, als einziger heute noch lebender Vertreter der Gattung Ginkgo, wies in der Trias bis zur Kreide eine große Formenfülle auf und war weit verbreitet. In dieser Zeit gab es Ginkgoverwandte auf der ganzen Erde, wie Versteinerungen aus der Trias (vor 195-215 Millionen Jahren) beweisen. Ihr Aussehen differierte stark, so gab es neben den fächerförmigen Blättern auch tief eingeschnittene oder bandförmige Blätter.

Variabilität der Blätter des Ur-Ginkgobaumes

Diese verschiedenen Vertreter gehörten den ausschließlich fossil bekannt gewordenen Gattungen Ginkgoites, Baiera, Arctobaiera, Eretmophyllum,

Trichopitys oder Ginkgoidium an, aber auch der Gattung Ginkgo. Vermutet wird, daß es sich um zwanzig fossile Ginkgo-Verwandtschaftsgattungen gehandelt haben dürfte. Ginkgo biloba ist die einzige noch existierende Art aus dieser großen systematischen Gruppe. Weil er sich in dieser unglaublich langen Zeit so gut wie nicht verändert hat, wird er auch, um einen Ausdruck von Charles Darwin zu gebrauchen, als lebendes Fossil bezeichnet. Obwohl es weder mündliche noch schriftliche Überlieferungen über diese Pflanze gibt, da damals noch keine Menschen existierten, wissen wir über versteinerte Ginkgoreste, sogenannte Fossilien, die man gefunden hat, viel über die Rolle des Baumes in der Erdgeschichte.

Der Ginkgobaum kann als Pflanzenart nicht nur auf ein hohes Alter zurückblicken, auch das individuelle Exemplar kann ein beträchtliches Alter erreichen. Die ältesten in Europa lebenden Exemplare sind über 200 Jahre alt. Die ältesten deutschen Ginkgo-Bäume dürften auch über 200 Jahre alt sein und sind im Park Wilhelmshöhe in Kassel zu finden. In Japan finden sich sogar Bäume, für die man ein Lebensalter von 4000 Jahren bestimmt hat.

Viele Mythen ranken sich um den Ginkgobaum. Es wird von Ginkgobäumen berichtet, die nach Feuersbrünsten wieder grünten. Als am 6. August 1945 die erste Atombombe über Hiroshima explodierte, erlitten mehr als 300.000 Menschen Verletzungen, Spätschäden durch atomare Strahlungen, Tausende starben sofort. Die gesamte Fauna und Flora wurde vernichtet, nichts wuchs mehr auf dem verbrannten Boden. Einzige Ausnahme war ein ehemals imposanter Ginkgo biloba, der wie ein Strohhalm gebrannt hatte. Ungläubig beobachtete man, wie dieser verkohlte Baumstumpf neues Grün trieb. Der neue Trieb ist zu einem stattlichen, wenn auch gezeichneten Ginkgobaum herangewachsen, der als Symbol für das Leben, für das Überleben verehrt wird. „Überdauern gehört augenscheinlich zur Na-

tur des Ginkgo." (G. Scherf, Die Kraft der Heilpflanzen Ginkgo, S. 17)

Auf der Insel Tsushima im Westen von Japan wird von einem großen Ginkgobaum berichtet, der 1500 Jahre alt sein soll. Die Einheimischen nennen diesen Baum „Tsushima no oyagi" (Baumveteran von Tsushima), weil er ein Feuer, einen Taifun und mehrere Naturkatastrophen bis zum heutigen Tage überlebt hat. Der Stamm wurde von einem Blitzschlag getroffen und versengt, aber die Lebenskraft des Baumes ist ungebrochen.

Der Ginkgobaum zeichnet sich auch durch eine große Widerstandsfähigkeit gegenüber Schädlingen aus. Ein therapeutisch unerwünschter Bestandteil des Ginkgo ist die Ginkgolsäure, die insbesondere in der Außenschicht der Samenanlage und nur in einer geringen Konzentration in den Blättern vorkommt. Es ist anzunehmen, daß diese Substanzen aufgrund ihrer Toxizität zur erstaunlichen Widerstandsfähigkeit des Ginkgo gegenüber Insekten, Pilze, Viren, Bakterien und anderen Schädlingen beitragen.

In vielen Großstädten findet gegenwärtig der Ginkgo als Straßenbaum Verwendung, da er sich durch eine gute Anpassungsfähigkeit und Resistenz auszeichnet und Luftverschmutzungen scheinbar unbeschadet übersteht.

Zeittafel J. W. v. Goethe

1749
28.8. Johann Wolfgang Goethe wird in Frankfurt/
Main geboren; Vater: Johann Caspar Goethe (1710-
1782) Mutter: Katharina Elisabeth Goethe (1731-
1808), geborene Textor

1750
7.12. Goethes Schwester Cornelia (1750-1777)
wird geboren

1755
Umbau des Elternhauses am Hirschgraben

1765
3.10. Beginn des Studiums (Jura) in Leipzig
Erste Liebe zu Käthchen Schönkopf
„Die Laune des Verliebten"

1768
28.8. Goethe bricht sein Studium ab, kehrt nach
Frankfurt ins Elternhaus zurück

1770
4.4. Weiterführung des Studiums in Straßburg
Bekanntschaft mit Johann Gottfried Herder

1770/71
Liebe zu Friederike Brion (1752 - 1813), Tochter
eines Pfarrers in Sesenheim
„Sesenheimer Gedichte" für Friederike

1771
6.8. Abschluß des Studiums mit der Promotion
Rückkehr nach Frankfurt, Zulassung als Rechtsan-
walt

1772

Rechtspraktikant am Reichskammergericht in Wetzlar (25.5.-11.9.)
Unglückliche Liebe zu Charlotte Buff (1753 - 1828), der Verlobten von Johann C. Kestner

1773

„Götz von Berlichingen"
Arbeit am *„Urfaust"*

1774

„Die Leiden des jungen Werthers"
21.-24.7. Rheinreise

1775

Verlobung mit Lili Schönemann (1758-1817)
14.5.-22.7. Erste Schweizreise mit den Brüdern Stolberg
7.11. Eintreffen Goethes in Weimar
Freundschaft mit Herzog Carl-August
Beziehung zu Charlotte von Stein

1776

22.4. Einzug Goethes ins Weimarer Gartenhaus
11.6. Ernennung zum Geheimen Legationsrat
1.10. Herder wird Generalsuperintendant des Herzogtums Sachsen-Weimar

1777

Leitung der Bergwerkskommission
29.11.-18.12. Harzreise

1779

Leitung der Kriegs- und Wegebaukommissionen
6.4. Uraufführung von *„Iphigenie auf Tauris"* in Prosa im Weimarer Liebhabertheater
5.9. Ernennung zum Geheimen Rat
12.9.-13.1.1780 Zweite Schweizreise

1782

10.4. Verleihung des Adelstitels

25.5. Tod des Vaters

 2.6. Bezug des Wohnhauses am Frauenplan

1784

Februar: Überschwemmung des Weinkellers im Frankfurter Goethehaus

27.3. Entdeckung des menschlichen Zwischenkieferknochens

Studien zur Mineralogie

1785

23.6.-5.7. Badeaufenthalt in Karlsbad

1786

„Iphigenie" in Versfassung

3.9. in Karlsbad heimlicher Aufbruch zur Italienreise

29.10. Beginn des Aufenthalts in Rom

Begegnung mit Angelika Kauffmann, Heinrich Tischbein

1787

„Egmont"

2.3.-29.3. Goethe in Neapel, Pompeji, am Vesuv

2.4.-14.5. Aufenthalt in Sizilien

7.6. Rückkehr nach Rom

1788

„Römische Elegien"

18.6. Rückkehr nach Weimar

12.7. Begegnung mit Christiane Vulpius

7.9. erste Begegnung von Schiller und Goethe in Rudolstadt

Bruch mit Charlotte von Stein

1789

Oktober *„Torquato Tasso"*

25.12. Geburt des Sohnes August

1790

„Die Metamorphose der Pflanzen"
10.3.-20.6. Zweite Italienreise,
Aufenthalt in Venedig
26.6.-8.10 mit Herzog Carl August in Schlesien

1791
7.5. Eröffnung des Weimarer Hoftheaters, Goethe
übernimmt die Leitung
9.9. Erste Sitzung der von Goethe initiierten Freitags-
gesellschaft (bis 1805)

1792
August-Dezember Feldzug gegen Frankreich, mit
Herzog in der Champagne, Aufenthalte an Mosel
und Rhein

1793/94
„Reineke Fuchs"

1794
20.7. Beginn einer Zusammenarbeit zwischen
Goethe und Schiller

1795
Januar: *„Wilhelm Meisters Lehrjahre"*
„Römische Elegien"

1797
„Hermann und Dorothea"
30.7.-20.11. Dritte Schweizreise

1800
28.10. Gründung des „Mittwochskränzchens"
(Cour d'amour) durch Goethe

1803
18.12. Tod Herders

1805
9.5. Tod Schillers

1806

19.10. Heirat mit Christiane Vulpius
Einrichtung der Teeabende durch Johanna Schopen-
hauer

1808

Begegnung mit Napoleon
13.9. Tod der Mutter
November: *„Faust. Der Tragödie erster Teil"*

1809

„Die Wahlverwandtschaften"

1810

Mai: *„Zur Farbenlehre"*

1811

Oktober: *„Dichtung und Wahrheit"*, erster Teil

1813

20.1. Tod Wielands

1814

25.7.-27.10. Kuraufenthalt in Wiesbaden, Ausflüge nach Frankfurt, Heidelberg, Darmstadt; erste Begegnung mit Marianne von Willemer (1784 - 1860)
16.8. Teilnahme am „St.-Rochus-Fest" in Bingen
1.-8.9. Besuch der Familie Brentano auf ihrem
Landgut in Winkel; Erstellung des Textes *„Im Rhein-
gau Herbsttage"*

1815

24.5.-11.10. Badeaufenthalt in Wiesbaden,
Ausflüge in die Umgebung,
intensive Beziehung zu Marianne von Willemer

1816

6.6. Tod von Christiane
22.9.-31.10. Charlotte Kestner, geb. Buff, kommt

nach Weimar und stattet Goethe einen Besuch ab

1817
17.6. Hochzeit von Goethes Sohn August
(25.12.1789 - 27.10.1830) mit Ottilie von
Pogwisch (1796 - 1872)
1819
„West-östlicher Divan"

1821
„Wilhelm Meisters Wanderjahre"

1823
10.6. Eintreffen von Johann Peter Eckermann
(1792 - 1854) in Weimar; wird Mitarbeiter Goethes und Herausgeber seines Nachlasses
26.6.-17.9. Kuraufenthalt in Marienbad, Karlsbad;
Liebe zu Ulrike von Levetzow (1804-1899)
„Marienbader Elegie"

1827
6.1. Tod von Charlotte von Stein

1828
14.6. Tod des Großherzogs Carl August
7.7.-11.9. Aufenthalt auf den Dornburger
Schlössern; Beschäftigung mit dem Weinbau,
Abhandlung *„Über den Weinbau"*

1829
29.8. Erstaufführung von Goethes *„Faust"* im Weimarer Theater

1830
27.10. Tod des Sohnes August in Rom
Schwere Erkrankung

1831

22.7. Fertigstellung des *„Faust. Der Tragödie zweiter Teil"*

1832

22.3. Tod Goethes

Literatur

Ahrendt, Dorothee / Aepfler, Gertraud
Goethes Gärten in Weimar,
Leipzig 1994.

Albrecht, Herbert
Über den Fächerblattbaum (Ginkgo biloba).
Herkunft, Name und Verbreitung, Goethes Gedicht
an Marianne von Willemer, in: Jahrbuch der
Sammlung Kippenberg, Neue Folge, Dritter Band,
1974, S. 1-7.

Balzer, Georg
Goethe als Gartenfreund,
München 1966.

Beuchert, Marianne
Symbolik der Pflanzen - Von Akalei bis Zypresse,
Frankfurt am Main und Leipzig 1995.

Beutler, Ernst
Die Boisserée - Gespräche von 1815 und die
Entstehung des Ginkgo biloba-Gedichtes, in: Ernst
Beutler, Essays um Goethe,
Frankfurt am Main 1995, S. 389-422.

Boisserée, Sulpiz
Tagebücher 1808 - 1854. Im Auftrag der Stadt
Köln herausgegeben von Hans-J. Weitz, Bd. I
1808 - 1823,
Darmstadt 1978.

Burdach, Konrad
Zur Entstehungsgeschichte des Westöstlichen
Divans. Drei Akademievorträge, hrsg. von Ernst
Grumach,
Berlin 1955.

Caesar, Wolfgang
Die Heilkräfte des Ginkgo,
in: Ginkgo, hrsg. von Maria Schmid,
Helga Schmoll,
Stuttgart 1994, S. 23-31.

Caesar, Wolfgang
Engelbert Kaempfer, Entdecker des Ginkgobaums
in: Ginkgo, hrsg. von Maria Schmid,
Helga Schmoll,
Stuttgart 1994, S. 43-47.

Conrady, Karl Otto
Goethe. Leben und Werk,
Frankfurt am Main 1987.

Daber, Rudolf
Zur Paläobotanik des Ginkgo,
in: Ginkgo, hrsg. von Maria Schmid,
Helga Schmoll,
Stuttgart 1994, S. 11-13.

Dietrich, Helga
Ginkgo biloba -
eine Überlebensstrategie im Pflanzenreich,
in: Ginkgo, hrsg. von Maria Schmid,
Helga Schmoll,
Stuttgart 1994, S. 15-22.

Eilert, Heide
„Daß ich eins und doppelt bin".
Über Goethes Gedicht „Ginkgo biloba",
in: Ginkgo, hrsg. von Maria Schmid,
Helga Schmoll,
Stuttgart 1994, S. 55-64.

Eilert, Heide
West-östlicher Divan,
in: Kindlers Neues Literatur Lexikon, Band 6,
Ga-Gr, München 1989, S. 524-527.

Friedenthal, Richard
Goethe. Sein Leben und seine Zeit,
München 1963.

Ginkgo. Ur-Baum und Arzneipflanze - Mythos,
Dichtung und Kunst,
hrsg. von Maria Schmid, Jena,
Dr. Helga Schmoll gen. Eisenwerth,
München, Stuttgart 1994.

Goethe, Johann Wolfgang von
Werke.
Hamburger Ausgabe in 14 Bänden, Band 2:
Gedichte und Epen II. Textkritisch durchgesehen
und kommentiert von Erich Trunz,
München 1998.

Härtling, Peter
Die Ferne in der Nähe
in: Johann Wolfgang von Goethe,
Frankfurt, Leipzig 1994.
(1000 Deutsche Gedichte und ihre Interpretatio-
nen, hrsg. von Marcel Reich-Ranicki,
2. Band, S. 368-370).

Hein, Wolfgang-Hagen / Andernacht, Dietrich
Der Garten des Apothekers Peter Saltzwedel und
Goethes Ginkgo biloba,
in: Festschrift für Peter Wilhelm Meister,
Hanswedell, Hamburg 1975, S. 303-311.

Hendel, Gerhard / Meßner, Paul
Weimar,
Köln 1992.

Hultzsch, Erasmus
Goethe und die Ginkgobäume seiner Zeit,
in: Ginkgo, hrsg. von Maria Schmid,
Helga Schmoll,
Stuttgart 1994, S. 49-54.

Kato, Atsuko
Ginkgobäume in Japan,
in: Ginkgo, hrsg. von Maria Schmid,
Helga Schmoll,
Stuttgart 1994, S. 33-41.

Gingko biloba
in: Metzler Goethe Lexikon, hrsg. von
Benedikt Jeßing, Bernd Lutz und Inge Wild,
Stuttgart, Weimar (1999), S. 178-180.

Mommsen, Katharina
Goethe und die arabische Welt,
Frankfurt 1988.

Mönch, Conrad
Verzeichniß ausländischer Bäume und Stauden
des Lustschlosses Weissenstein bey Cassel,
Frankfurt, Leipzig 1785.

Rave, Paul Ortwin
Gärten der Goethezeit,
Berlin 1981.

Scherf, Gertrud
Die Kraft der Heilpflanzen Ginkgo,
München 1998.

Schmoll gen. Eisenwerth, Helga
Ginkgo biloba im Kunsthandwerk Ostasiens
und Europas,
in: Ginkgo, hrsg. von Maria Schmid,
Helga Schmoll,
Stuttgart 1994, S. 97-122.

Schmoll gen. Eisenwerth, Helga
Zum Ginkgo-Motiv bei Atsuko Kato:
West-östliche Synthesen,
in: Ginkgo, hrsg. von Maria Schmid,
Helga Schmoll, Stuttgart 1994, S. 89-96.

Schmoll gen. Eisenwerth, J.A.
Ginkgo biloba in Dichtung und
bildender Kunst der Moderne,
in: Ginkgo, hrsg. von Maria Schmid,
Helga Schmoll,
Stuttgart 1994, S. 123-135.

Schury, Gudrun
Goethe - ABC,
Leipzig 1997.

Steiger, Robert und Reimann, Angelika
Goethes Leben von Tag zu Tag. Eine dokumentari-
sche Chronik, Band VI 1814 - 1820,
Zürich und München 1993.

Teusen, Gertrud
Pu - Erh, Kombucha, Ginkgo.
Asiatische Wege zur Idealfigur,
Selters/Ts. o.J..

Unseld, Siegfried
Goethe und der Ginkgo.
Ein Baum und ein Gedicht,
Frankfurt am Main, Leipzig 1998.

Unseld, Siegfried
Goethe und seine Verleger,
Frankfurt am Main 1991.

Willemer, Marianne und Johann Jakob
Briefwechsel mit Goethe. Dokumente - Lebens-
chronik - Erläuterungen, hrsg. von Hans-J. Weitz,
Frankfurt am Main 1965.

Weimar.
Baedeker Allianz Reiseführer,
Ostfildern 1995.

Weimar. Bei Goethe, Schiller und Co.
Ein Stadtbuch, hrsg. von Elisabeth Schulte Huxel
und Werner Bockholt,
Warendorf 1995.

Gingo biloba
in:
Wilpert, Gero von,
Goethe-Lexikon,
Stuttgart 1998, S. 381.

W. Bockholt / R.F. Abrolat

„Da hab' ich mich ja umsonst besoffen"

Episoden und Anekdoten aus dem Leben des
Weinkenners und -liebhabers Goethe.
Dazu Rezepte aus dem Hause Krautkrämer.
Im Geschenkkarton.
10 x 24 cm, 132 Seiten, SW-Fotos,
ISBN 3-87716-827-2.
13,40 Euro

Verlag ❧ SCHNELL, Warendorf

Klaus Tudyka
Mann von Stein
Monolog des Dritten im Bunde über die
berühmte Liebesgeschichte zwischen Goethe
und Charlotte von Stein.
12 x 21 cm, 48 Seiten,
ISBN 3-87716-853-1.
4,90 Euro

Verlag ϿϾ SCHNELL, Warendorf

Bockholt / Frauenberger

Das Goethe-Kochbuch

Rezepte, die auf der Zunge zergehen vom
bekannten Fernsehkoch Herbert Frauenberger
- eingebettet in historische Goethe-Texte - ein
Lese- und Kochgenuß, wie er im Buche steht.
13,5 x 21 cm, 160 Seiten, farbiger
Umschlag, zahlreiche Abbildungen, Zitate,
Kochrezepte, gb.,
ISBN 3-87716-866-3.
12,40 Euro

Verlag ✳ SCHNELL, Warendorf